KB244246

고객 유혹의 기술

까다로운 고객을
단숨에 설득하는 66가지 비결

고객 유혹의 기술

까다로운 고객을
단숨에 설득하는 66가지 비결

고객의 마음을 읽고 구매 심리를 꿰뚫는
마케팅의 기초와 고객 유치의 기술

조태현 지음

ART OF SEDUCING CONSUMERS

비전코리아

착한 기업이 되라

근래 들어 세계는 글로벌화의 진전과 함께 정보기술IT의 발전으로 이른바 인터넷 시대가 도래하였다. 스마트폰의 보급과 더불어 페이스북, 트위터 등 소셜 네트워크 서비스SNS 이용자가 늘어나면서, 고객의 위상과 인식도 크게 변화되었다.

이제 대기업은 물론 중소기업과 소규모의 자영업을 영위하고 있는 소상공인들까지도 어떻게 해야 고객의 속마음을 헤아리고 감동을 줄 수 있을지, 또 한 차원 더 높은 가치로 고객의 욕구를 충족시켜 줄 수 있을 것인가에 대한 적극적인 노력이 한층 더 요구되는 상황이다.

급변하는 글로벌 경쟁과 기업 간 경쟁이 치열해지는 시대에서, 이제는 고객을 어떻게 확보하고, 유지해야 하느냐를 넘어 변함없이 영원한 단골 고객으로 만드는 착한 기업의 문제가 기업들의 가장 큰 과제라 할 것이다.

이 책은 2008년 초 《까다로운 고객 유혹의 기술》이란 제목으로 초판이 나온 이래 무려 8년여 동안 꾸준하게 사랑 받아 5쇄를 발간하였고, 이번에 다시 개정판을 발간하는 영광을 얻게 되었다. 이 기회를 빌려 부족한 책을 많이 사랑해 주신 크고 작은 기업의 경영자와 관리자 그리고 예비창업자 등 많은 독자들께 감사의 말씀을 드리며, 변함 없는 사랑과 격려를 부탁드린다.

이번 개정판에서는 책 제목을 《고객 유혹의 기술》로 줄여, 대상 고객층을 보다 폭넓게 하고자 한다. 특히, 거시적인 차원에서 착한 마케팅을 통해 새로운 고객을 발굴하고 유지하며, 넓게는 사회 공헌 활동을 통해 착한 기업이 되는 것이 고객에게 사랑받는 강력한 대안이라는 점을 강조하고, CSR과 CSV 등 관련 개념까지도 추가하였다.

아무쪼록 이번 개정판이 대기업 및 중소기업의 크고 작은 경영관리자, 그리고 소규모 자영업을 운영하는 소상공인과 종업원늘은 불론, 창업을 준비하는 예비창업자들과 대학생들에게도 신규 고객 유치와 기존 고객 유지를 넘어 영원한 단골 고객으로 만들고, 착한 기업과 성공 기업으로 이끄는 사랑받는 작은 지침서가 될 수 있기를 기대한다.

이 책이 다시 나올 때까지 항상 곁에서 사랑과 용기를 준 아내 숙현과 두 아들 내외 수형 · 윤진, 수민 · 미오, 손주 성유, 윤아와도 출간의 기쁨을 나누고자 한다. 그리고 이제는 호국의 혼이 되어 대전현충원에 잠들어 계신 부모님의 영전에 이 책을 바친다.

끝으로, 어려운 업계 상황에서도 처음 출간해 주시고, 다시 개정판이 나올 수 있도록 배려해 주신 비전코리아의 이범상 사장님과 관계자 분들께도 깊은 감사를 드린다.

2016년 7월

사당동 가촌嘉村 연구실에서

조태현

차례

까다로운 고객 유혹하기 1단계
고객의 마음을 먼저 움직여라

까다로운 고객 유혹하기 **2단계**

고객이 지갑을 열게 하라

까다로운 고객 유혹하기 3단계

고객이라고 다 같은 고객은 아니다

까다로운 고객 유혹하기 4단계

영원한 고객으로 만드는 경영 전략

고객의
마음을 먼저
움직여라

01 | 당신의 고객은 무엇을 원하는가

경쟁에서 이기는 고객 관리 기술

기업이 치열한 경쟁에서 살아남기 위해 해결해야 할 지상과제는 고객들과 장기적으로 살아 있는 관계를 구축하는 일이다. 그중에서도 최우량 고객에게 초점을 맞추어야 한다. 최우량 고객이란 기업 수익의 80퍼센트를 보장하는 20퍼센트의 충성스럽고 믿을 만한 고객을 말한다.

물론 모든 고객은 중요하다. 그러나 어떤 고객들은 더 중요하다. 최우량 고객이 수익의 80퍼센트를 보장하는 동안 해마다 20퍼센트의 고객이 떠나고, 신규 고객을 유치하는 데 드는 비용은 그로 인한 수익을 초과한다. 이런 상황에서 모든 고객을 동일하게 대할 수야 없는 노릇이다. 기업의 운명을 좌우하는 상위 20퍼센트의 충성스럽고 믿을 수 있는 최우량 고객들과 살아 있는 관계를 구축하려면, 고객들이 요구하는 다음과 같은 사항들에 더 많은 노력을 기울여야 한다.

고객들이 은근히 바라는 여섯 가지

- 먼저 말을 걸어주기를 바란다

고객들 가운데에는 의외로 쑥스러워하거나 소극적인 고객이 많다. 이럴 경우, 고객은 선뜻 종업원에게 말을 걸지 못한다. 하지만 종업원이나 사업주는 먼저 마음의 문을 열고 인사말부터 건네어서 언제든지 고객을 위한 준비가 되어 있다는 것을 보여줘야 한다. 이들은 잠재고객인 동시에, 단골 고객이라는 점을 명심하라.

- 자신을 기억해주기를 원한다.

기업과 고객의 관계는 개인 대 개인의 관계와 별반 다르지 않다. 고객은 자주 물건을 사든 사지 않든 기억되는 존재이고 싶다. 특히, 몇 번 방문하여 상품을 구매한 고객의 경우는 더욱 사업주나 종업원이 기억해주길 바란다.

- 많은 시간을 배려했으면 한다

모든 고객은 자신이 최고의 고객이길 원한다. 그래서 상품을 고를 때나 상품에 대한 궁금증이 있을 때, 사업주나 종업원이 충분한 시간을 갖고 확실한 정보를 제공해주길 원한다. 종업원이 시간에 쫓기면 고객은 불안감이 생기게 되고, 결국 점포 밖을 나올 수밖에 없게 된다. 고객에게는 최대한 많은 시간을 배려하라.

　• 자신의 마음을 알아주기를 바란다

　점포에 방문했을 때, 직원이 먼저 알아서 챙겨주기를 은근히 바란다. 고객들은 기업이 자신이 누구인지 파악하여 인정해주고, 자신이 필요한, 자신에게 맞는 상품을 어떤 것인지 먼저 알아서 정보를 제공해주기를 바란다.

　• 적절한 보상을 바란다

　사업주는 단골 고객일수록 ‘당신은 우리의 특별한 고객이다’ 라는 점을 잊지 않도록 해주어야 한다. 단골 고객과의 관계에서 가장 위력이 있는 것은 물질적 혜택을 배려하는 것이다. 이러한 배려를 통해서 고객은 자신이 특별하다는 것을 느끼게 되고, 나아가 고객과 개인적인 관계를 유지할 수 있다.

　• 차별화된 상품과 서비스를 원한다

　어디나 똑같은 상품, 만날 똑같은 인사말, 무미건조한 서비스는 고객에게 상품을 팔지 않겠다는 말이나 다름없다. 조그만 점포라도 상품의 진열이나 서비스 방법을 바꿔보는 것이 중요하다. 우리 기업만의 개성을 고객들에게 보여주면 고객들도 차별화를 느끼게 되어 관심을 가진다. 이것이 바로 브랜드 경영이다.

고객의 이러한 기대 심리를 파악하고, 기업과 고객이 서로에게 만족스러운 지점을 찾아낼 때 진정한 고객 관계가 구축된다. 고객충성도(로열티)는 진실한 마음으로 유대 관계가 구축되어야 나타나는 감정이다. 따라서 기업이 고객을 친구로 여기고 인간적인 따뜻함을 보일 때, 인간관계에서 느낄 수 있는 끈끈하고 살아 있는 진정한 고객 관계를 이루어낼 수 있다. 장기적이고도 충성스러운 관계를 통해 믿을 수 있는 양질의 고객들과 지속적인 관계를 유지하는 것이야말로 고객 관계 개선의 최우선 과제이자 기업이 수익을 내는 원천이라는 점을 기억해야 한다.

02 | 고객의 마음을 먼저 읽어라

지피지기면 백전백승

《손자병법》에는 '적을 알고 나를 알면 백 번 싸워도 위태롭지 않다' 즉 지피지기 백전불태知彼知己 百戰不殆라는 말이 나온다. 고객과 사업주의 관계는 적은 아니지만, 사업 경영에서도 고객의 마음을 공략해야 한다는 점에서 일맥상통한 면이 있다. 사업으로 성공을 거머쥐려면 고객의 마음에 드는 상품이나 서비스를 내놓아야 한다. 이러한 상품이나 서비스는 고객이 요구하는 넓은 의미에서의 상품이라는 뜻으로 '니즈Needs 상품'이라 한다.

그러면 왜 고객의 마음을 읽어야 할까? 고객과 점포 매장의 관계 속에는 늘 '수요와 공급의 법칙'이 존재한다. 아무리 공급의 의욕이 강해도 수요가 따라주지 않으면 사업은 어렵다. 따라서 외식업이라면 고객의 입맛을 사로잡아야 하고, 의류 판매업이라면 지역의 주요 고객층이 생각하는 패션의 추세나 흐름(트렌드)을 읽어야 한다.

고객이 바라는 마음, 즉 고객의 니즈를 잘못 파악하면 어떻게 될까? 예를 들어, 매일 고된 일을 하는 노동자들이 많은 인쇄소 골목에 멋과 품위를 지향하는 고급 레스토랑을 개업한다면 승산이 있을까? 반대로 유행의 첨단을 걷는 최고급 상품이 즐비한 패션가에 값싸고 양 많은 음식을 내놓는 서민 식당을 차린다면? 그리고 안정된 생활을 추구하는 중장년층이 많은 고급 주택가에 PC방을 차린다면? 아마도 대부분 고객들에게 외면을 당할 것이다.

이렇듯 사업의 성공은 고객의 니즈를 정확하게 파악하는 데서 시작된다고 할 수 있다. 고객이 바라고 요구하는 것, 사업은 바로 여기에서 시작해야 한다.

고객의 마음을 읽는 첫 단계—고객과 친해지기

고객이 누구인지, 어떤 사람인지를 아는 것은 마케팅의 ABC처럼 매우 기본적인 사항이다. 고객들은 기업, 즉 사업주나 종업원이 자신이 누구인지 파악하고 인정해주고 자신들의 필요나 욕구를 충족시키려는 노력을 진심으로 높이 평가한다.

특히 다른 점포를 이용하다 돌아온 고객들은 자신이 돌아온 것을 인정받기 원한다. 이것은 바로 고객충성도에 대한 인정을 의미한다. 이럴 때 고객은 '내가 무엇을 원하는지 아시리라 믿습니다. 내 마음을 읽어주세요'라고 사업주나 종업원들에게 요구하는 것이다. 이때 사업주나 종업원은 고객의 현재 상황을 파악하고, 이전의 접촉에서 제공한 정보를 고객에게 상기시키며, 고객에게 필요한 정보를 계속 업데이트해야 한다.

개인 사이의 만남처럼, 첫인상부터 아주 친한 사이가 되기까지 서로에게 익숙해지는 과정을 파악하는 일은 사업주나 종업원에게 매우 중요하다. 이 과정을 이해하지 못하면 고객이 바라는 필요나 욕구를 이해하지 못해 이를 충족시키지 못하기 때문이다. 사업주나 종업원들이 고객과 친밀한 관계를 구축하기 위해 노력하면, 충성 고객은 자연히 자신이 특별한 대우를 받는다고 느낀다. 바로 이러한 단계가 사업주나 종업원이 고객 관계에서 도달해야 할 목표점이다.

모든 관계는 첫인상에서 좌우되는 만큼 좋은 첫인상을 주고, 서로 필요한 정보를 주고받으면서 끈끈한 밀착 관계를 유지해나가야 한다. 즉 고객을 인간적으로 존중하고 인정한다는 사실을 계속 인지시켜야 한다. 가장 강렬한 첫인상은 사업주나 종업원과의 첫 만남과 첫 통화, 첫 이메일에서 받는 예가 대다수다. 따라서 긍정적인 첫인상을 줄 수 있게 '고객 인사'나 전화 응대를 위한 철저한 교육을 행해야 한다.

한 번 거래를 맺고 또 다른 거래를 하기 위해 찾아온 고객도 자신을 알아주기 바라는 것은 마찬가지다. 그는 자신을 기억하고, 무엇을 원하는지 관심을 가져주기 바란다. 이러한 고객의 마음을 읽기 위해 세계적으로 성공한 호텔이나 은행 등은 고객들이 무엇을 좋아하고 무엇을 싫어하는지에 대한 고객 선호도를 파악하는 제도를 운영하고 있으며, 고객별로 특징을 파악하기 위해 노력한다.

사업주나 종업원이 고객과 친해지는 방법은 다음과 같다.

- 고객에게 자신을 상세히 소개하라.
- 고객에 대한 기대치를 계산하라.
- 지속적인 관찰을 통해 정보를 수집하고 업데이트하라.
- 고객의 특별한 취향을 기억하라.
- 가능하다면 개인적으로 접촉하라.
- 지속적인 관계를 유지하라.

고객과 긴밀한 관계를 유지하고 친해져야 고객의 마음을 읽을 수 있다. 고객을 존중하고, 자연스럽고 인간적인 접촉을 통해 고객의 가치를 계속 인정해주어야 한다. 사람은 누구나 다른 사람에게 인정받고 싶어 한다. 이런 심리를 간파하는 것이 고객의 마음을 읽는 첫 단계다.

03 하나라도 평균 이하면 고객은 등을 돌린다

규모가 크든 작든 사업의 성패는 고객들에게 달려 있다고 해도 과언이 아니다. 고객들의 마음에 점포나 기업이 자리를 잡아야 그 사업은 성공했다고 할 수 있다. 물론 기업은 고객 외에도 모든 부분에 신경을 써야 하지만, 근본적으로 고객 없이는 존재할 수도 성장할 수도 없다.

프레드 크로퍼드Fred Crawford와 라이언 메슈스Ryan Mathews는 《소비자 코드를 제대로 읽어라The Myth of Excellence》라는 책에서 여러 분야의 성공 기업 사례를 들며 '소비자가 무엇을 원하는지 생각하라!'고 강조했다. 대부분의 기업은 고객들이 최상의 서비스, 가장 낮은 가격, 최고의 품질을 선호한다고 믿고, 모든 분야에서 최고가 되기 위해 시간과 자원을 쏟아 붓는다. 즉 관계의 지속보다는 수익에 집중하고 모든 분야에서 최고가 되면 그만이라는 '최고의 신화'에 빠져 있다. 그러나 고객들

이 진정으로 원하는 것은 고객을 한 인간으로 인식하고 존중하는 것
이다.

 오늘날 고객들은 '개인적인 가치'의 강화를 요구한다. 따라서 고객
의 코드를 정확히 파악하는 점포나 기업만이 다른 경쟁 업체보다 절
대적인 우위를 차지하기 마련이다. 또한 고객들은 물질적인 가치보
다 진정한 고객 가치를 소중히 여긴다. 즉 앞으로의 사업은 가치 기반
마케팅이 되어야 한다. 고객들의 눈으로 사업을 바라보고 수행하는
능력을 갖추어야 한다. 이러한 능력을 '고객 적합성'이라고 한다. 다
시 말해 고객 적합성 모델은 인간적 가치가 사업 가치를 결정한다는
것을 골자로 삼는다.

 그렇다면 고객이 진정으로 원하는 것은 무엇일까?

 크로퍼드와 매슈스는 모든 사업을 가격, 제품, 접근성, 서비스, 체
험이라는 다섯 가지 특성 요소로 나누었을 때, 최고의 기업은 그중 한
가지에서는 지배(최고) 수준, 다른 한 가지에서는 차별우위 수준, 나머
지 세 가지에서는 평균 수준을 유지함을 알아냈다. 이중 한 가지라도
평균 이하라면 시간이 흐를수록 고객들은 등을 돌린다.

04 | 고객의 신뢰를 얻어라

기업의 성공은 최우량 고객들과 얼마만큼 오랫동안 좋은 관계를 유지하느냐에 달렸다. 이러한 관계의 지속은 서로 간의 믿음에서 나오는 것으로, 기업의 경쟁력은 곧 고객의 신뢰에 달렸다 해도 과언이 아니다. 물론 신뢰 구축은 하루 이틀 사이에 이루어지는 것이 아닌 데다가 많은 노력이 필요하지만, 일단 신뢰가 확고히 구축되면 영업은 순풍에 돛을 단 듯 순조롭게 향상된다. 특히 기업에게 80퍼센트의 이익을 주는 상위 20퍼센트의 최우량 고객에 대한 신뢰 구축은 기업 생존에 필수 불가결한 요소라 할 것이다.

그러면 '고객의 신뢰'란 구체적으로 무엇을 말하는가? 그것은 기업의 어떤 약속이나 향후 행동에 대해 고객이 가지게 되는 일방적인 기대, 즉 믿음을 말한다. 신뢰가 구축된 고객은 기업을 믿는 것과 동시에 자신이 안전하다는 주관적인 느낌을 가지는데, 이러한 고객의 신뢰는 철저히 시간의 산물이다. 기업이 꾸준히 믿을 수 있는 행동을 보이면서 여러 경로로 기업의 입장을 고객에게 전달하고 확실성을 보여줄 때, 고객은 기업에 대한 신뢰를 조금씩 쌓아간다.

하지만 이렇게 시간과 노력이 많이 드는 일일수록 무너지는 것은 한순간인 법이다. 더구나 사람의 마음에 관련된 일이기 때문에 한 번 어긋난 관계는 다시 회복하기 힘들다. 고객의 신뢰는 얼마든지 파기될 수 있는 계약 같은 것으로, 사생활을 침해한다든가 약속을 준수하지 않는 행위, 불쾌감을 주는 행동이나 말 등은 한순간에 공든 탑을 무너뜨릴 수 있다. 고객의 신뢰를 얻기 위해서는 신중함과 꾸준한 노력을 잊지 않아야 한다.

이러한 신뢰 구축을 위해 몇 가지 전략을 이용해보자.

- 수시로 충성 고객을 방문하거나 전화 등을 통해 고객의 관심사와 취향을 파악한다.
- 다양한 매체를 통해서 고객의 기념일이나 생일 등을 챙긴다.
- 상품 정보 외에도 경제, 사회, 문화 등에 대한 다양한 정보를 수집하여 고객에게 제공한다.
- 한순간의 매출보다 고객에게 정확한 정보를 제공하는 공정한 조언자가 되도록 노력한다.
- 고객의 입장에서 판단하고, 늘 배려하고 있음을 보여줘야 한다.

05 | 점포 이미지로 유혹하라

점포 이미지의 구성 요소

최근 기업 간의 경쟁이 가열되면서 다양한 종류의 상품과 서비스가 쏟아지고 있다. 이런 상황에서 고객들이 특정 기업이나 점포를 선택하지 못하고 갈등하는 것은 당연하다. 이제 기업들은 새로운 이미지로 고객의 마음을 사로잡지 않으면 경쟁에서 살아남을 수 없음을 인식하고, 이미지를 구축하기 위한 다양한 마케팅을 활발하게 추진해야 한다.

여기서 기업 이미지란 고객들이 기업에 대해 생각하고 느끼는 것을 말한다. 이는 기업의 목표, 상품, 서비스 등이 무엇인지를 고객들에게 종합적으로 알려주는 것으로, 해당 기업의 선호도에 영향을 미치는 동시에 기업의 수익과 직결된다. 이런 점에서 볼 때 기업만이 아니라 소매점도 점포 이미지_{SI, Store Image} 전략을 중요하게 활용해야 함은 당연하다.

　고객이 점포에 호감을 느끼게 하는 요소로는 크게 점포의 이름과 경영 방침 등 자체 이미지 요소, 위치나 인테리어, 각종 편의시설 등의 외형적 이미지 요소, 그리고 사업주나 종업원의 복장, 태도와 같은 서비스 이미지 요소가 있다.

　점포의 이미지를 효과적으로 보여주는 상호, 눈에 잘 띄는 간판, 한 번 들어가고 싶게 하는 깔끔한 출입구 등은 고객을 끌어들이는 유용한 방법이다. 나아가 요즘 고객은 점포의 겉모양만 보고도 판매하는 상품이 무엇이며 그 이미지는 어떠하고 가격대는 어느 정도인가를 짐작한다. 이런 요소들은 고객의 쇼핑을 편하게 하거나 매출을 높이는 역할도 하지만, 점포의 분위기를 좌우하므로 특히 신경을 써야 한다.

점포 이미지 전략의 ABC

　점포 이미지 전략을 세울 때 반드시 고려해야 할 주요 사항을 정리하면 다음과 같다.

• 상호

　상호는 점포의 경영 이념을 상징화한 것이다. 고객들은 상호를 통해 무엇을 파는 곳인가, 어떤 판매 방법을 가진 점포인가, 누구를 상대로 장사를 하는가를 감지한다. 우선 좋은 상호를 정한 뒤 그것에 대한 문자 도안(레터링)에도 신경을 써야 한다.

• 점포 입지와 영업시간 등의 편리함

고객의 입장에서 생각하면 점포는 편리하게 쇼핑할 수 있는 입지를 갖추어야 한다. 고객은 가까움과 편리함 그리고 만족감 등을 고려하여 점포를 단골로 정한다. 고객에게 선택되는 단골 점포가 되기 위해서는 점포 입지가 제공하는 편리함을 충분히 이용할 수 있는 위치와 영업 시간대를 정하는 것이 선결 과제라 할 것이다.

• 점포의 경영 이념

점포의 경영 이념이란 '무엇을 위해 사업을 하는가'라는 경영에 관한 기본적인 사고방식이자 고객과의 약속이다. 따라서 경영 방침, 계획, 전략 등이 모두 이를 기초로 정해진다. 고객들은 그 점포의 경영 이념에 공감하고, 점포가 그 이념을 충실히 표현해서 제공해주는 이익이 자신이 기대하는 이익과 일치할 때 그곳의 고정 고객이 된다.

• 사업주의 얼굴 사진 게시

단골 고객은 점포의 경영 이념에 공감하고 그 이념이 충실히 실현됨에 따라 제공되는 이익에 만족하는 고정 고객이다. 점포에 사업주의 얼굴 사진을 게시하면 경영 이념이라는 약속 달성을 위해 노력하는 점포의 의지를 전할 수 있고 고객의 신뢰도 높일 수 있어, 단골 고객 유치에 효과적이다.

• 상품의 장점 광고

누구에게 무엇을 어떤 방식으로 판매하는 점포인가를 확실히 알리는 것은 매우 중요하다. 구비된 상품의 특징을 잘 드러낸 광고는 점포 이미지를 좋게 할 뿐만 아니라 고객의 주목을 끄는 역할도 할 수 있다.

• 상품 가격대 정책

점포의 마케팅 이미지는 상품 계열마다 가격대를 설정하는 정책에 따라 만들어진다. 이는 상품 구성에 따라 만들어지는 이미지인 동시에 고객이 점포를 선택하는 강력한 이미지 요소가 된다.

• 상품의 진열 등

고객은 상품을 구입할 점포를 고를 때 그 상품에 대한 이해도, 고객 층의 풍요로운 생활 실현에 도움이 되는 상품 준비의 적합성, 상품을 사용하는 편익 등을 고려한다. 이러한 점포 마케팅의 이미지를 확실히 하기 위해서는 점포가 생각하는 풍요로운 생활 공간을 테마로 상품을 진열해야 한다.

• 판매 촉진 방법

정찰 판매, 디스카운트 판매, 할부 판매, 셀프서비스 판매, 방문 판매, 통신 판매, 예약 주문 판매 등 여러 판매 방법도 점포 이미지를 만드는 중요한 요소다. 어떤 판매 방법으로 고객의 소비 생활에 공헌할 것인가를 고려해 점포 고유의 차별화된 전략을 세워야 한다.

06 | 소점포 사업주에게 요구되는 자질과 능력

소점포 사업에서 사업상 경쟁우위를 선점하려면 어떻게 해야 할까? 소점포 사업에서는 무엇보다 사업주의 역할이 중요하다. 일반적으로 사업의 성과는 상품과 서비스를 고객에게 제공하는 과정에서 구체화된다. 따라서 고객과의 '접점 Moment of Truth'에 있는 종업원을 관리하는 사업주의 역할이 크다.

급속한 환경 변화에 적절히 대응하면서 목표 수익을 확보하고 업적을 신장하기 위해서는 사업 비전이 필요하다. 비전이 있어야 문제를 해결하고 신속하게 사업을 추진할 수 있으며, 명확하고 설득력 있는 비전을 제시하고 그것을 사업 과정에서 보여줄 때 종업원들도 열정적으로 업무에 몰입할 수 있다.

흔히 사업을 하는 데 필수 자원으로 3M 즉 사람 Man, 자원 Material, 돈 Money을 꼽는다. 나아가 전략적 자원으로서 정보, 문화, 시간을 포함해 사업의 6대 자원이라 하기도 한다. 이 자원들은 기업의 규모에 상관없이, 그리고 제조업이나 서비스업, 영리나 비영리와 같은 성격이나 분야에 상관없이 공통적으로 적용되는 항목이다. 그러나 이들을 제대로 갖추는 것 이상으로 중요한 것은 이들을 관리하고 유지하는 일인바, 이는 비전을 제시하는 사업주의 역할이다.

현대의 소점포 사업 경영은 업무 내용이 매우 광범위하다. 이러한 광범위한 업무를 처리하고 업적을 향상시키기 위해 소점포 사업주가 갖추어야 할 자질과 능력은 다음과 같다.

- 글로벌 시대에 맞는 폭넓은 시야와 감각
- 자기 나름의 소신과 일가견, 즉 식견
- 혁신Innovation, 즉 위기를 돌파할 수 있는 아이디어
- 식견과 아이디어를 추진하는 힘, 즉 실행력과 추진력
- 살아 움직이는 힘과 생동감, 즉 활력

이런 자질 외에 소점포 사업주는 자기가 맡은 점포의 고객 관리 및 영업 노하우와, 기업 내부 관리에 대한 노하우도 갖추어야 한다. 그것을 정리하면 다음과 같다.

- 고객 관리 및 영업 측면에서는 고객 기반을 확대하는 노하우가 있어야 한다. 지속적인 방문 활동으로 거래 고객에 대한 실태를 파악하고, 개인별 니즈에 맞춰 대응할 자세를 갖추어야 한다. 특히 고객 관리의 효율성 제고를 위해 고객을 차등 구분하고, 종업원과 고객 정

보를 공유해야 하며, 주요 고객을 이업종 교류회, 등산·골프 등 취미서클 그룹으로 연결해 관리한다. 아울러 고객과 직접 대면하는 점포 매장은 점포의 얼굴이자 수익 창출 장소라는 점을 명심하자. 그리고 홍보 및 섭외 활동 측면에서 고객 인지도 및 밀착도를 높이기 위해 표적 고객을 선정해 적절한 홍보물을 제작·배포하는 것도 필요하다.

• 내부 관리 측면에서는 사업주의 역할을 명심하고 종업원들에게 동기부여를 해주며, 사업 목표와 비전을 종업원들이 공감하고 이를 자기계발로 연결하게 유도한다. 이와 더불어 종업원 간의 지속적인 커뮤니케이션 유지 및 공정한 경쟁 분위기 조성을 통해 업적 신장을 도모하고, 사고 방지를 위한 예방 노력에도 유의해야 한다. 한편 시설 및 환경 관리 측면에서 접근의 용이성, 시설의 편의성 및 청결성 등을 복합적으로 중시하고 점포 레이아웃 개선 및 시설과 환경 관리에도 노력한다.

• 자기 관리 측면에서는 한정된 시간을 적절히 배부하여 활용하는 것이 업적 신장에 중요하므로 과학적인 시간 관리를 위해 노력한다. 상담 일자, 주요 업무 추진 내용, 외부인사 면담 등을 일간, 주간, 월간 단위로 작성해 관리하고, 업무 내용 범위도 세부적으로 시간을 배분하는 것이 좋다. 아울러 사업주는 항상 공과 사를 분명히 구분해야 한다. 보편적이고 상식적인 수준에서 생각하고, 순리적인 일 처리를 원칙으로 하되 무리해서는 안 된다. 또한 솔선수범하는 자세로 자신이 먼저 관련 규정을 잘 지켜야 한다.

07 | 칭찬은 고객도 춤추게 한다

칭찬은 양파도 춤추게 한다

강원도 철원 중부전선 최전방의 군부대에서 양파를 키우며 이색 실험을 진행했다고 한다. 병영 생활에서 일어나는 칭찬과 폭언, 사랑과 미움이 생물의 성장에 미치는 영향을 관찰한 것인데, 실험은 이렇게 진행되었다. 2006년 12월 초부터 내무반별로 양파 한 쌍을 같은 조건의 위치에 놓고, 한쪽 양파에는 좋은 말과 애정을 표시하고 다른 양파에는 병영 생활의 스트레스도 해소할 겸 욕설과 폭언을 3개월간 퍼부었다. 칭찬의 대상인 양파는 애완견을 다루듯 잎을 부드럽게 쓰다듬거나 정성스럽게 물을 갈아주었고, 욕설의 대상인 양파는 손가락으로 슬쩍 찌르는 행동을 병행했다. 그 결과 장병들의 사랑과 칭찬을 받는 양파는 뿌리를 빨리 내리고 풍성하게 성장한 반면, 폭언을 들은 양파는 성장이 더디고 가늘며 심지어 줄기가 휘어졌다는 것이다. 장병들은 이와 같은 '사랑의 양파 키우기'를 통해 칭찬과 배려의 중요성을 직접 체험하고, 그 뒤로 상대방의 장점 칭찬하기를 행동으로 옮긴다고 한다.

이러한 칭찬에 대한 감명을 담아 몇 해 전인 2003년, 케네스 블랜차드Kenneth Blanchard가 지은 《칭찬은 고래도 춤추게 한다 Whale Done!》라는 책이 베스트셀러로 화제가 되었다. 범고래의 훈련법을 통해 칭찬의 지혜와 마력에 대해 가르침을 주는 그 책은 필자 역시 최근 몇 년 사이 가장 인상 깊게 읽은 책이었다.

사람들은 대부분 인간관계에서 긍정적 관심과 칭찬 그리고 격려가 중요하다고 말한다. 그러나 실제로는 가정이나 직장 등에서 다른 사람에 대해 긍정적인 관심을 갖고 지속적으로 칭찬과 격려를 하는 일은 드문 것 같다. 잘할 때는 아무 말 않지만 잘못된 일이 생기면 꼭 질책하는 예가 많지 않은가. 칭찬을 아끼지 말자. 그렇다고 무턱대고 칭찬하는 것이 능사는 아니다. 가정이나 기업 등 어느 조직에나 열정과 희망을 불러일으키는 활력소가 되는 칭찬이지만, 시의 적절하게 활용하는 지혜가 필요하다.

칭찬은 고객도 춤추게 한다

칭찬의 효과를 높이기 위해서는 테크닉이 중요하다. 사람들을 자연스럽게 칭찬하는 세련된 기술은 칭찬의 효과를 더욱 높여주는데, 특히 고객에 대한 칭찬 테크닉으로는 다음과 같은 것이 있다.

• 뜻밖의 사실을 칭찬하라

고객이 생각지도 않은 의외의 사실을 칭찬하면 기쁨이 더욱 커진다. 사소할지라도 뜻밖의 장점을 칭찬함으로써 고객에게 기쁨을 줄 수 있다.

• 구체적으로 칭찬하라

두루뭉술하고 막연하게 말하기보다는 구체적으로 어디가 어떻게 훌륭하고 좋은지를 다른 것과 비교해서 칭찬하는 것이 효과적이다.

• 고객의 소지품을 칭찬하라

작은 소지품 하나라도 남보다 좋은 것, 독특한 것, 구하기 힘든 것을 지녔을 때는 아낌없이 칭찬하라.

• 간접적인 칭찬을 하라

고객의 배우자, 자녀, 부모, 형제 등 가까운 가족의 좋은 점을 찾아 칭찬하면 좋은 효과를 얻을 수 있다.

• 여성 고객에게는 화려한 칭찬의 말이 통한다

아무리 냉정한 여성일지라도 칭찬의 홍수 앞에서는 마음이 움직인다.

• 제삼자를 통해 칭찬하라

고객이 그 자리에 없을 때 제삼자를 통해 칭찬하는 방법은 본인 앞에서 하는 것보다 몇 배의 효과를 거둘 수 있다.

• 최상급 칭찬은 역효과를 가져올 수 있다

때로는 '가장 좋은', '최고로 멋진' 등 최상급 칭찬을 받으면 마음에 부담이 남고 공치사처럼 들리기도 한다. 최상급의 칭찬보다는 적당한 수준의 칭찬이 더욱 진실되게 들린다.

'자기 충족적 예언 이론' 또는 '피그말리온 효과 Pigmalion Effect'라는 말을 들어보았는가. 이는 '어떻게 행동하리라는 주위의 예언이 행위자에게 영향을 주어 결국 그렇게 행동하게 만든다'는 이론이다. 즉 상대방이 나를 믿지 않는다고 느끼면 이상하게도 그 사람 앞에서는 늘 믿음을 주지 못하는 행동을 한다는 것이다. 반대로 상대방이 나를 믿는다고 느껴지면 정말로 상대방이 믿을 수 있게 행동한다.

다시 말해 누군가에 대한 기대감과 신뢰는 눈빛과 말씨 그리고 행동에 그대로 드러나 상대방도 느낄 수 있으며, 설혹 당장 좋은 결과를 나타내지 못하더라도 계속 격려하고 애정을 기울이면 그 신뢰와 기대에 부응하기 위해 온힘을 다해 노력함으로써 실제로 그렇게 되어 간다는 것이다.

범고래 훈련법이나 성공적인 인간관계나 고객 관계 훈련법은 따지고 보면 그리 다르지 않다. 고객을 계속 격려하고 관심을 보이면 고객도 신뢰와 기대에 보답하기 위해 노력함으로써 능력과 관계 향상을 가져오는 것이다. 따라서 어떤 상황이든 선입관을 가지고 고객을 대하거나 함부로 의심해서는 안 되고, 믿음과 확신을 갖고 칭찬과 격려를 나타내야 한다. 도무지 칭찬할 것이 없는 고객이라 생각될지라도 찾아보면 장점은 있다. 그 장점에 초점을 맞추고 확대해서 보면 칭찬거리가 의외로 많음을 알게 된다.

가정 내의 자녀 교육이나 기업의 경우도 마찬가지다. 부모가 자녀를 어떻게 생각하느냐에 따라 실제 행동이 그렇게 되고, 부모가 자녀에게 그런 영향을 주듯 사장이 종업원에게 영향을 주며, 자연히 종업원은 고객의 마음을 움직이게 되는 것이다.

칭찬을 받으면 잘 자라는 양파와 폭언으로 점점 죽어가는 양파의 이야기를 들으며, 사람도 마찬가지라는 생각을 해본다. 종업원의 크고 작은 말 한마디 한마디가 고객들에게 얼마나 많은 영향을 주는지 다시 한 번 곰곰이 생각을 해보라. 실로 칭찬은 양파도 춤추게 하듯 고객도 춤추게 하지 않는가!

08 | 종업원이 즐거워야
고객이 마음을 연다

펀 경영Fun Management

Fun은 유머, 장난, 재미라는 뜻의 단어다. 요즘은 가정이든 학교든 기업이든 '펀'을 접목한 방식이 주목을 끄는데, 어린아이부터 어른까지 모두 복잡한 세상에서 스트레스에 시달리고 경쟁에 치이다 보면 자연스레 웃음과 재미에서 멀어진다. 그런데 그럴수록 사람들은 더욱 웃음을 원하며, 학자들도 웃음의 중요성을 앞 다투어 강조한다. 그냥 웃는 시늉만 해도 정신건강에 좋다지 않은가. 웃어서 나쁠 것은 없다. 즉 웃음은 큰 힘을 가진 동시에 시대와 계층을 초월해서 통하는 최고의 선물이라 하겠다.

유머 경영 혹은 펀 경영이란 유머 감각이 있거나 잘 웃는 종업원이 일을 더 잘하고, 그런 사람들로 구성된 조직이 결국 기업의 매출에 크게 기여할 수 있다는 논리 속에서 이루어지는 경영이다. 한마디로 펀 경영의 핵심은 웃음과 재미를 통해 즐겁고 신나는 직장을 만들자는 데 있다.

즐겁고 재미있게 일을 하려면 몇 가지 조건이 선행되어야 한다. 먼저 그 조직 내의 모든 구성원이 즐거워야 한다. 사장이 즐거워야 하고, 종업원이 즐거워야 하며, 고객까지도 즐거워야 한다. 다르게 말해 사장이 즐거우면 종업원이 즐겁고, 종업원이 즐겁고 재미가 있으면 일의 능률도 오르고 결국 고객이 마음을 열어 경영 효과가 극대화된다는 논리다. 펀 경영의 대명사로 거론되는 미국의 사우스웨스트 항공사뿐 아니라 국내 유수의 기업들도 앞 다투어 펀 경영을 도입하고 있다.

국내의 대표적 사례로는 삼성중공업이 있다. 이 회사는 전 임직원을 대상으로 재미있는 일터 만들기 프로젝트인 GWP Great Work Place를 펼쳐 'Pride(자부심), Trust(신뢰), Fun(즐거움)'이라는 희망 실천 교육을 실시하고 있는데, '1등 회사의 1등 사원은 바로 당신입니다'라는 캐치프레이즈 아래 종업원들이 회사에 자부심을 가지게 유도한다.

또 다른 예로 미래에셋증권은 TV 프로그램을 모방한 '칭찬합시다'라는 사내 제도를 운영한다. 칭찬을 통한 인정과 격려를 통해 회사에 대한 자부심을 유도하자는 취지다. 이 회사는 매주 주인공 한 명을 선정해 격려함으로써 큰 조직 속에 묻혀버릴 수 있는 종업원의 선행과 미담 등을 모두가 공유한다.

또한 서울 가락동의 전사적 자원 관리 ERP, Enterprise Resource Planning 전문업체인 코인텍은 신뢰라는 개념 하에 펀 경영을 실시한다. 이 회사는

1999년 설립 초기부터 '콜링 네임' 제도를 실시했는데, 이는 직급에 상관없이 영어식 이름을 부르는 것이다. 예컨대 사장이든 평사원이든 특별한 호칭 없이 '잭', '앤디' 등으로 부른다. 이 제도는 회사의 모든 구성원이 위계질서에 대한 위축감 없이 평등함을 느끼게 하고 상호 신뢰를 도모하는 효과를 낸다.

웃으면 복이 오고 고객도 온다

일반 직장인들은 펀 경영을 어떻게 생각할까? 대체로 직장인 10명 중 9명은 신바람 나는 직장을 만드는 펀 경영 도입에 긍정적이다. 일하는 분위기가 좋아지고 업무 효율성이 높아진다면 마다할 이유가 없다. 재미있게 일하는 조직은 생산성이 높고, 상품의 고객 제공 가치 측면에서도 재미가 중요한 요소로 대두되는 등 이제 기업 경영에서 펀 경영은 새로운 키워드로 발전하고 있다.

기업 내 15퍼센트의 사기 증진은 생산과 소비에서 40퍼센트의 향상을 가져온다고 한다. 특히 웃음과 재미는 예산, 장소 등의 물리적인 조건과 관계없이 파급 효과가 크다. 이러한 웃음의 높은 파급 효과는 마케팅 성공을 위한 확실한 무기로, 전 분야에 걸쳐 펀 마케팅이 더욱 확산될 것으로 보인다.

재미와 즐거움을 주는 바이러스로서 펀 경영은 이제 산업 전반에 스며들고 있다. 단순히 '음식은 맛있으면 되고 제품은 성능이 우수하면 된다'는 식의 발상은 옛말이고, 음식이든 옷이든 가전제품이든 심지어 판매하는 매장에서든 '재미와 즐거움'이 있어야 고객들의 관심을 끄는 시대가 되었다. 이른바 '펀 마케팅'은 모든 산업에서 고객들의 감성을 자극하고 즐거움을 줌으로써 이들을 사로잡을 수 있는 마케팅 기법으로 급부상하고 있다. 동기부여 전문가로 유명한 브라이언 트레이시Brian Tracy는 성공의 85퍼센트는 인간관계에 달렸고, 훌륭한 인간관계를 만드는 핵심은 웃음이라고 강조했다. 또한 펀 경영의 전도사로 잘 알려져 있는 재미동포 컨설턴트 진수 테리Jinsu Terry도 펀 경영은 말 그대로 '신나게Fun' '독창적으로Unique' '보살펴라Nurturing'는 메시지를 담고 있다고 말했다.

사장의 웃음이 종업원을 즐겁게 하고, 종업원이 재미있게 일해야 고객이 마음을 연다는 말은 이제 자연스러운 사회 현상의 하나로 자리를 잡았다 해도 과언이 아니다.

09 | 규모가 작을수록 서비스가 중요하다

백화점은 예외로 치더라도 이제 홈플러스, 홈에버, 이마트, 킴스클럽 등 이른바 대형 할인점이 위세를 떨치고 있다. 그러나 그 기세가 아무리 크다 해도 소규모 점포들이 일순간에 사라지지는 않는다. 왜 그럴까? 대형점 대 소형점, 소형점 대 소형점 등 점포 간의 경쟁이 날로 격화되는 상황에서도 일부 소규모 점포나 구멍가게가 꾸준히 경쟁력을 발휘하는 것은, 그들만이 가질 수 있는 매력 때문일 것이다. 작고 소박하지만 정겹고 인간적인 매력, 대형점은 가지기 힘든 장점 말이다.

음식업이나 도소매업, 서비스업 등의 소규모 점포 사업주들이 경쟁력을 가지고 살아남기 위해 고려해야 할 가장 중요한 점포 경영 노하우는 무엇일까? 한마디로 고객을 우선으로 생각하는 마음이다. 뻔한 이야기 같지만 소규모 점포만의 인간미 느껴지는 '정성'은 세련되고 기계적으로 훈련된 '친절'에 비할 바가 아니다. 이를 구체적으로 실현하려면 다음 사항들을 염두에 두어야 한다.

• 부담스럽지 않게 최선을 다해 서비스를 제공하라

소점포의 경우 구비할 수 있는 품목의 종류로는 대형 쇼핑센터나 할인점과 경쟁하기 힘들다. 대신 고객들이 기억할 만한 서비스로 공략해야 한다. 일단 가게에 고객이 들어오면 상품을 팔기 위해 집요하게 접근전을 펼치는데, 이는 마음 편하게 상품을 둘러보려던 고객을 내모는 결과를 낳기 쉽다. 지나친 친절은 오히려 귀찮고 불쾌하게 느껴진다는 점을 기억하고, 상냥한 인사로 고객을 맞은 뒤 느긋하게 지켜보아야 한다. 그렇다고 너무 방관하는 태도를 보이면 고객이 자신에게 관심이 없다고 느끼게 되므로, 한 걸음 물러서서 물건 고르는 일을 도와주고 사소한 부분에도 신경을 써주는 편안한 서비스를 제공하자.

• 즐거움이 전해지도록 표정 관리에 최선을 다하라

누구에게나 슬프고 괴로운 날이 있기 마련이다. 그러나 고객을 상대하는 소점포 관리자는 아무리 힘든 일이 있더라도 고객 앞에서 티를 내서는 안 된다. 어디까지나 고객이 만족감과 즐거움을 함께 느끼도록 표정 관리에 최선을 다해야 한다.

• 찻잎을 우리는 정성과 배려가 담긴 자세로 대하라

고객의 기분을 밝게 하려면 차 한 잔을 대하는 마음가짐을 기억하

자. 차를 대접하는 마음에는 서두르지 않고 찻잎을 우리는 정성과 세심한 배려가 담겨 있다. 세일즈도 그 과정과 다르지 않다. 세심한 배려와 편안한 자세에서 고객은 정성과 신뢰를 느낀다.

• 고객에게 배운다는 겸손한 자세로 임하라

오늘날과 같은 광고의 홍수 시대에 고객은 무엇이 필요하며 무엇을 선택해야 하는지 스스로 결정할 수 있다. 고객을 스승처럼 생각하고, 상품을 팔겠다는 생각보다는 겸손하게 고객의 소리에 귀를 기울여야 한다.

• 어떻게 하면 고객의 신용을 얻을지 생각하라

신용은 하루아침에 쌓이지 않지만, 꾸준한 노력은 반드시 신용을 쌓는 밑거름이 된다. 장사가 안 된다고 말하기에 앞서, 어떻게 하면 고객의 신용을 얻을 수 있을지 진지하게 고민하라. 원점으로 되돌아가 신용을 쌓으면 매출은 느리지만 꾸준히 늘어난다.

• 고객이 만족하는 모습을 사업의 기쁨으로 생각하라

점포에 들어온 이상 고객은 누구나 만족감을 맛보고 싶어 한다. 그런 마음이 충족될 때 그는 점포의 단골이 된다. 따라서 경영자는 느낌이 좋은 점포, 세련된 점포를 만들려는 노력과 동시에 '어떻게 하면 고객에게 기쁨을 줄 수 있을까?'라는 생각으로 서비스를 실천하는 데 노력해야 한다. '고객이 만족하는 모습에서 사업의 기쁨을 찾는 자세'를 가지면 고객은 저절로 모여들 것이다.

• 자기를 경계하고 통제하는 마음을 가져라

고객 서비스가 최고라고 외치면서도 '팔아야 한다'는 마음이 앞서면 결국 진정한 서비스가 이루어질 수 없다. 소점포 경영자는 언제나 자신을 엄하게 채찍질해 통제하는 일에 소홀해서는 안 된다. 팔아야 한다는 마음이 우선적으로 드러나면 고객의 즐거움은 한순간에 물거품처럼 사라져 구매 욕구도 없어짐을 인식하고, 항상 자신에 대한 경계를 명심해야 한다.

10 | 인사성 밝은 점포가 성공한다

우리 속담에 '말 한마디로 천 냥 빚을 갚는다'는 말이 있다. 또한 '웃는 얼굴에 침 뱉으랴'라는 말도 있다. 인사 예절, 말 한마디의 신중함이 고객 관리의 기본이다. 모든 만남은 인사에서 시작하지 않는가. 그러나 감사하는 마음과 고마운 마음이 밑받침되지 않은 인사는 겉치레에 불과하며, 이는 상대방의 기분을 상하게 만들기도 한다. 인사는 정다움과 친밀감을 담아 협조와 봉사의 정신이 전달되게 해야 한다. 즉 참된 인사는 상대방을 존경하고 존중하는 마음의 표현이다.

사업 초기에 가장 중요한 전략은 고객에게 첫인상을 어떻게 심어주느냐다. 이러한 첫인상을 좌우하는 것이 바로 종업원들의 인사하는 모습이다. 큰 소리로 반갑게 웃으면서 "어서 오세요", "안녕하세요"라고 인사하는 소리를 들으며 가게에 들어서면 그곳에서 보낼 즐거운 시간을 미리 느낄 수 있다. 밝게 미소 짓는 눈빛으로 상대방과 눈을 마주치고 공손하게 목이나 허리를 굽히며 예를 갖춰야 한다. 다른 곳에 시선을 두거나 목례만 하는 무례한 인사는 실례다. 보통 누군가의 집을 방문할 때면 아이들의 인사하는 모습에서 그 집의 가정교육 정도를 짐작할 수 있다. 마찬가지로, 점포에서도 종업원의 인사하는 태도를 보면 사업주의 경영 마인드를 엿볼 수 있다 하겠다.

간단한 동작이지만 인사를 잘하기란 그리 쉽지 않다. 일단 자신을 낮추고 상대방을 높이는 마음이 깔려 있어야 그것이 몸짓이나 목소리에 나타난다. 특히 영업점에서 사업주나 종업원이 고객에게 인사를 건넬 때는 '고객은 왕이다'라는 서비스 정신이 각인되어 있지 않으면 어딘가 어색하거나 건성으로 느껴지기 쉽다.

고객을 대상으로 하는 인사에는 우선 고객을 맞으며 건네는 "어서 오세요", "안녕하세요"라는 인사가 있다. 이어서 고객이 물건을 골라 계산을 할 때면 "감사합니다", "고맙습니다"라고 인사를 건네야 하며, 돌아갈 때는 "안녕히 가세요", "또 오십시오"라는 배웅 인사를 건넨다. 이러한 인사법과 점포 서비스가 얼마나 만족스러웠는가는 고객의 반응으로 알 수 있다. "수고하세요", "잘 먹고 갑니다", "또 올게요"와 같은 고객의 말을 귀 담아 들어보라. 이렇게 오가는 인사 속에서 좁게는 고객과 종업원 간, 넓게는 고객과 점포 간에 돈독한 유대관계가 자연스럽게 형성된다.

인사를 건네는 올바른 마음가짐과 관련된 다음 구절들을 눈에 잘 띄는 곳에 붙여두고 매일 읽어보라. 그러면 의무감으로 건네던 기계적인 인사도 어느새 즐거운 커뮤니케이션 수단으로 느껴질 것이다.

- 언제 어디서 누구를 만나더라도 깍듯이 인사하라.

- 인사란 인간의 도리이니 도리를 다하는 사람에게 행운이 온다.

- 성공한 사람은 그렇지 않은 사람보다 훨씬 인사를 잘한다.

- 인사는 상대방을 반가워한다는 표시이며, 사랑과 존경의 표시이기도 하다. 벼가 익을수록 고개를 숙이듯 사람도 된 사람일수록 고개를 숙이는 법이다.

- 모르는 사람과 마주쳐도 먼저 공손히 인사를 해보라. 내가 달라지고, 상대방이 달라지고, 우리가 달라질 것이다.

11 | 모든 고객이 VIP처럼 느끼게 하라

대부분 누군가가 자기에게 관심을 보이고 소위 중요한 사람_{VIP, Very Important Person} 처럼 특별히 대우해주면 기분이 좋거나 으쓱해지기 마련이다. 사업에서도 새로운 고객을 유치하거나 개척하는 데 이와 같은 원리를 적용할 수 있다.

요즘같이 급변하는 시장 환경 속에서 고객 유치 경쟁은 어느 때보다 치열하다. 고객을 발굴해 이들을 신규 고객으로 확보하고 단골 고객으로 만들기 위해서는 고객에게 사업주나 종업원이 그를 절실히 원하고 고마워한다는 느낌을 전해야 한다. 고객을 유혹하고 그들의 마음을 사로잡으려면 먼저 그들의 존재를 소중히 여기고, 존재 가치를 높여주어야 한다. 현재의 고객이든 잠재 고객이든 모두 나름으로 '나를 소중하게 생각해주시오'라는 보이지 않는 팻말을 달고 있음을 기억하라. 사업주나 종업원은 고객을 각별히 대우함으로써 고객 스스로 최고의 고객이라 느끼게 해야 한다.

일반적으로 고객은 거래 가능성이 있는 잠재 고객 또는 예상 고객 Potential, 거래 가능성이 유망한 가망 고객 또는 가능 고객Prospect, 그리고 이미 거래가 있는 단골 고객Customer으로 나뉜다. 흔히 PPC 고객 관리라 하는데, 이들의 머리글자를 딴 용어다. 고객이 스스로 소중하다고 느끼게 하려면 무엇보다 사업주나 종업원이 장기 단골로 이어질 수 있는 가망 고객의 가치를 인식해야 한다. 그러기 위해 사업주는 가망 고객을 바라보는 종업원들의 시각을 점검할 필요가 있다.

가망 고객들은 장래에 많은 수익을 올려줄 잠재력이 있으므로 이들을 최대한 많이 확보해야 한다. 기존 고객들이 사업주나 종업원에게 존중받고 싶어 하듯 가망 고객들도 존중받고, 특별하고 소중한 존재로 대우받기를 바란다. 따라서 가망 고객이 아무리 많더라도 한 사람 한 사람 개별적으로 각별하게 대우해야 한다. 하루에 한 명이든 열 명이든 점포의 유일한 고객처럼 느끼게 만드는 것이 바로 고객 유치 비결이다. 이렇게 가망 고객들을 세상에서 가장 소중한 존재처럼 특별하게 대우하는 것은 그리 어려운 일이 아니다. 정성이 담긴 말 한마디, 감사의 표시만으로도 가망 고객들은 감동하고 그것을 기억에 새긴다.

12 | 고객의 동선을 공개적으로 의식하지 말라

고객 동선動線이란 고객이 움직이는 선을 말한다. 고객의 일정한 움직임을 만드는 방향의 의미로서 이는 통행 방향과 맞물리면서 형성된다. 고객 동선을 고려하여 점포를 설계하려면 시각적인 아름다움보다는 고객의 편안함을 생각해야 한다. 아울러 점포 이미지를 고려해 인테리어, 상호, 로고, 캐릭터 등이 고객에게 각인되기 쉬운 일관된 디자인이어야 한다.

음식점을 예로 들면, 설계할 때부터 고객의 동선을 최우선으로 고려해 출입문·카운터·주방·화장실 등의 위치를 정하고 식탁·냉장고·정수기 등의 시설물을 배치해야 한다. 그리고 매장 설계의 또다른 대원칙으로는 고객 동선을 길게 하고 고객 동선, 종업원 동선, 상품 동선은 서로 교차되지 않게 하되 고객 동선과 종업원 동선이 겹칠 때는 고객 동선을 우선으로 설계해야 한다는 것이 있다.

- 고객 동선 계획
  - 고객의 걷는 방향, 보고 만지는 범위 등 고객의 행위와 심리를 예상하고 계획한다.
  - 고객이 상품을 보기 쉽고 사기 쉽게 하며, 시선과 행동에 막힘이 없게 한다. 특히 입구에서 전체 매장이 한눈에 들어오게 한다.
  - 고객 동선은 가능한 한 길게 하여 상점 내에 오래 머물게 한다.
  - 고객을 위한 통로 폭은 최소 90센티미터다.
  - 진열대에 이르는 동선이 자연스러워야 한다.

- 종업원 동선 계획
  - 종업원의 판매 행위, 출납, 사무의 동선을 고려한다.
  - 고객의 동선과 교차되지 않게 하고, 가능한 한 짧게 하여 피로를 줄인다.
  - 고객 동선과 종업원 동선이 만나는 곳에 카운터, 진열대 등을 배치한다.

- 상품 동선 계획
  - 관리 동선이라고도 하며 상품의 반입, 보관, 포장, 발송과 같은 작업이 이루어진다.
  - 상품의 취급 방법, 포장 방법, 운송 방법 등에 따른 운반, 통행을 고려해 통로 폭을 여유 있게 설계한다.

고객을 끄는 종업원의 행동

대체로 잘되는 가게에서는 활기가 느껴진다. 이러한 가게들을 자세히 살펴보면, 고객의 행동이 종업원의 행동에 크게 좌우됨을 알 수 있다. 종업원이 단순히 기계처럼 판매만 하는 것이 아니라 고객을 가게에 불러들이거나 반대로 내몰기도 하는 힘을 가진 듯 느껴진다.

종업원이 고객들을 끄는 요소는 무엇일까? 흔히 고객은 '일을 하는 종업원의 모습'에 끌린다. 무언가 분주하게 일하는 모습은 확실히 그 가게에 활력을 준다. 고객으로서는 종업원이 무언가를 하는 동안은 상품을 마음대로 볼 수 있기 때문에 부담 없이 구경할 수 있어 좋다. 물론 바쁠 때라도 종업원은 고객을 신경 써야 하지만 고객의 동선을 공개적으로 의식하지 않으려 주의하면서 일에 몰두하는 것은 고객에게 편안함을 준다.

종업원이 다른 고객을 응대하거나 바쁘게 포장을 하는 중일 때, 또는 진열대나 쇼윈도를 정리하거나 상품을 진열할 때와 같은 동작들은 확실히 고객을 끄는 강한 힘을 발휘한다. 종업원들이 이런 모습을 보이는 가게들은 다른 가게에 비해 훨씬 활기가 있으며 고객이 머무르는 시간도 길어 장사가 잘된다.

가게의 활기를 높이는 데는 종업원의 목소리도 한몫을 한다. "어서 오세요", "감사합니다" 등 고객에게 관심을 보이는 말들이 가게 전체에 흐를 때 고객은 그 활기를 전해 받은 듯 끌림을 느낀다. 이때 고객이 가까이 다가와도 개의치 않고 하던 일을 계속해야 하며, 가까이 다가온 고객에게 먼저 말을 걸어 부담을 주지 않는 것도 중요하다. 한자리에 서서 고객의 동선을 의식하기만 할 것이 아니라 매장 안을 능숙하게 돌아다니며 고객을 편안하게 하는 것도 유능한 판매원의 노하우다.

얼핏 이런 방법은 종업원이 단정한 자세로 서서 고객이 오기를 기다리고, 고객이 다가오면 즉시 알은체를 하며 적극적으로 접근해야 한다는 일반적인 교육법에 어긋나는 것으로 보인다. 그리고 업종이나 매장의 성격, 판매하는 상품에 따라서도 적용 정도는 달라질 것이다. 다만 앞서도 강조했듯 요즘 고객들은 스스로 물건을 고르고 천천히 둘러보기를 원하는 사람이 많다. 경직된 관심은 오히려 고객을 쫓는 행동이나 말이 될 수 있음을 기억하자. 즉 '고객의 동선을 공개적으로 의식하지 말라'는 것은, 고객의 접근을 용이하게 함으로써 고객이 편안하게 상품을 구경하게 하면 가게에 머무는 시간이 길어진다는 발상의 전환을 의미한다. 고객을 구속하지 않고 쇼핑의 자유를 보장해준다는 무언의 접객 서비스와 역발상 마케팅인 것이다.

13 | 쇼윈도에서 주저하는 고객을 공략하라

누구나 낯선 가게 앞에서 선뜻 들어가지 못하고 망설인 경험이 있을 것이다. 왜 그랬는지 기억을 더듬어보라. 딱히 살 것도 아닌데 굳이 들어가기가 뭐해서, 분위기가 구매에 강압적일까 봐, 막상 들어가니 생각보다 별로라 실망할지 몰라서, 어떤 가게인지도 모르는데 종업원들의 주목을 받으며 쭈뼛거리기 싫어서……. 누구에게나 낯선 장소에 대한 망설임과 경계심이 있게 마련이다. 그런데 사업에 성공하고 싶다면 이렇게 쇼윈도에서 주저하는 고객을 공략해야 한다. 이를 위해서는 특히 가게를 방문한 첫인상이 중요하다. 기껏 들어선 고객에게 실망을 안겨준다면 유력한 가망 고객을 놓치는 일이 아닌가. 낯선 가게의 좋은 첫인상은 재방문으로 이어질 확률이 높다.

일단 이런 고객들이 가게 문을 열고 들어오게 하려면 고객의 마음을 끄는 특별한 무엇인가가 있어야 한다. 망설이며 주저하는 고객은 가격은 얼마 정도인지, 품질은 괜찮은지, 음식점이라면 맛은 어떤지 등 호기심과 불안을 동시에 느낄 것이다. 하지만 그에 앞서는 것은 느낌이 좋은가, 쇼핑이나 이용하는 즐거움을 줄 수 있겠는가 하는 심리적인 요소다. 문 앞에서 망설이던 고객이 자유롭게 가게로 들어서고, 망설임이 기우였음을 확인하며 기분 좋게 쇼핑을 즐기다 갈 수 있게 하는 일은 사업주와 종업원이 특히 신경 써야 할 부분이다.

들어가기 쉽고, 다시 찾고 싶은 점포 만들기

그렇다면 망설이지 않고 편안히 들어설 수 있고, 다시 찾아오고 싶은 가게나 점포를 만들려면 어떻게 해야 할까?

• 아무리 불경기라도 자기 장사를 즐겨라

'한 번 가게를 찾은 손님이 두세 번 잇따라 찾아오게 하라.' 이는 마케팅과 관련해서 모두가 강조하는 말이다. 그런데 왜 이 명백한 말을 실천하기가 용이하지 않을까? 왜 상당수의 고객이 한 번은 와도 더는 찾아오지 않을까? 고객이 선뜻 들어와서 기분 좋게 상품을 사고 서비스를 제공받게 하려면, 그리고 다시 찾고 싶은 마음이 들게 하려면 어떤 점을 유념해야 하는가.

누구나 자기 가게를 시작할 때면 나름의 목표를 세우고 실현하고픈 꿈을 그린다. 그러나 시간이 흘러감에 따라 처음의 열정은 약해지고, 장사가 정말 쉽지 않은 일임을 느낀다. 직접 사업을 할수록 매출을 늘리고 이익을 남긴다는 것이 결코 호락호락한 일이 아님을 깨닫는 것이다. 이럴 때, 사업주는 돈을 벌기 위해 어쩔 수 없이 계속 장사를 한다는 생각을 해서는 안 된다. 이런 생각은 고객에게 좋지 않은 느낌으로 전달되며 사업주 자신의 정신건강에도 좋지 않다. 일단 사업을 시작하면 스스로 그 일을 좋아해야 하고 일 자체에 빠져야 하며, 고객에 대한 감사와 호감을 늘 잃지 말아야 한다.

• 고객을 기억하고 이름을 부르며 응대하라

뛰어난 영업자는 처음 대하는 고객이라도 정성껏 응대하고 적극적으로 서비스한다. 우선 얼굴을 익히고 이름을 알아낸 뒤 두세 번 찾는 사이에 이름을 기억해서 불러준다. 고객을 기억하고 관심을 주는 가게, 인격적으로 존중하고 친절과 성의로 대하는 가게를 한 번이라도 더 찾는 것은 당연하다. 한 번 왔을 뿐인데 다시 찾았을 때 자신을 기억해주면 누구든 기분이 좋아지는 것이 당연하다. 잠시 나누는 인사나 짧은 이야기만으로도 친밀함을 전달하고, 고객의 얼굴과 이름을 기억하려 노력하라.

• 신용 쌓기는 작은 배려에서 시작된다

기업이 단순히 상품을 생산해서 팔기만 하던 시대는 지났다. 고객들은 더 이상 수동적이지 않으며 무엇보다 신용을 중시한다. 예컨대 비양심적인 기업, 서비스정신이 부족한 기업, 환경오염의 주범인 기업은 시민들에게 질타를 받으며 외면당한다. 이는 작은 가게도 마찬가지다. 하나라도 불만이 있거나 소홀한 부분이 눈에 띄면 다른 가게로 가면 그만이다. 꼼꼼하게 신경 써서 매력적인 점포를 만들어, 들어

오기 쉽고 물건을 사고 싶으며 좋은 서비스를 받게 해야 한다. 작지만 따뜻한 배려로 고객의 신용을 쌓는 일은 급변하는 시대일수록 더욱 절실한 일이다. 이런 신용 쌓기는 따뜻하고 섬세한 배려에서 시작됨을 기억하라.

• 상품 진열 하나에도 전략이 필요하다

기발한 콘셉트의 가게들이 등장하고 마케팅이 사업에 중요해지기 전을 떠올려보라. 예전에는 그저 잘 팔리는 상품을 잘 보이게 진열하면 그만이었다. 점포의 매력을 나타내기 위해 치열한 차별화 전략을 벌일 필요 없이, 싼 값에 들여와 비싸게 팔면 성장할 수 있었다. 그러나 오늘날 고객들의 욕구와 감각은 점점 다양해지고 까다로워지고 있다. 고객의 예리한 감각, 시선, 반응 등을 끊임없이 의식하고 상품 진열 하나에도 지혜를 발휘해 전략의 개념을 도입해야 한다. 사업주나 종업원은 판매 담당자로서 고객들의 욕구와 감각에 뒤처지는 일이 없게 끊임없이 조사하고 관찰하고 공부해야 한다.

14 | 고객의 마음을 움직이는 점포 분위기를 연출하라

편안하고 다시 찾고 싶은 점포 분위기를 연출하려면 어떻게 해야 할까? 그것은 상품 진열이나 인테리어 등 점포 내부 분위기, 사업주와 종업원의 마음가짐과 고객을 대하는 태도, 그리고 얼마나 고객의 욕구를 재빨리 읽어내어 충족시키는가 등 다양한 요인이 고르게 갖추어졌을 때 자연스럽게 완성되는 일이다. 고객의 마음을 움직이는 점포 분위기를 연출하기 위해 명심할 점들을 정리하면 다음과 같다.

• 점포는 고객의 것

판매자 중심의 사고방식으로 점포를 운영하면 당연히 초점이 매출이나 이익에 맞추어진다. 점포는 '나'의 것이 아니라 '고객이 나에게 맡긴 것'이라고 생각하라. 이익은 고객이 만들어주는 것이니, 서비스에 신경을 쓰고 최선을 다하라. 이런 마음으로 임할 때 비로소 사소한 것이라도 소홀히 하지 않는 경영 마인드가 우러나오는 법이다.

• 사업이란 기쁨의 씨앗을 뿌려 가꾸는 일임을 마음에 새겨라

서비스가 중시되는 오늘날, 고객들이 단순히 물건을 사는 것을 넘어 기쁨을 찾기 위해 가게를 찾는다. 진정한 기쁨을 주려면 씨앗을 뿌리고 부지런히 가꿔야 한다. 적당히 물을 주고 잡초를 뽑고 거름도 주는 보살핌이 필요하다는 뜻이다. 고객이 없는 한가한 시간에는 언제나 신선한 느낌으로 고객이 들어올 수 있게 털고, 닦고, 정리하라. 기쁨의 씨앗을 뿌리고 멋지게 가꾸는 일은 이러한 작은 일에서 시작된다.

• 가치와 의미를 찾을 수 있는 곳으로 만들어라

점포를 개점하면 인테리어나 광고 및 홍보 활동으로 고객의 관심과 주의를 끌기 위해 최선을 다하기 마련이다. 개점 초기에는 이런 데 흥미를 느끼는 고객들이 많이 찾지만 대개 개점 행사 기간이 끝나면 손님이 준다. 예컨대 음식점은 일단 음식이 맛있어야 한다. 그러나 음식 맛에만 신경을 쓰는 것으로는 성공할 수 없다. 기본에 머무르지 않고 차별화된 맛에 또 다른 멋이 담긴 공간을 연출해낼 때 인기는 높아가고, '그곳에 가는 것만으로도 가치와 의미가 있다'라는 생각이 각인되어 점포는 나날이 번창한다.

• 유행에 민감하고 부지런히 정보를 수집하라

세상은 끊임없이 그리고 너무도 빨리 변화하고 있다. 경쟁자를 물

리치고 살아남으려면 이러한 변화를 정확히 파악하고 사업에 반영하기 위해 남들보다 몇 배 노력하고 고민해야 한다. 또한 시대에 뒤처지지 않으려면 항상 새로운 정보를 수집하고 이를 사업에 활용하기 위해 항상 노력하고 연구해야 한다. 현재에 안주하지 말고 새로운 것을 생각해내 실천에 옮기려 노력하라.

• 콘셉트가 살아 있는 차별화된 점포를 추구하라

새롭고 멋진 점포가 날로 늘어간다. 그만큼 사업주인 경영자들의 감각이 높아졌다는 증거다. 그러나 점포를 멋지게 단장해도 콘셉트가 분명하지 않으면 실패할 수 있다. 지역이나 고객층을 면밀히 검토해 차별화된 전략을 세우고, 개성 있는 상품을 갖춰 고객의 눈길을 끌어야 한다. 이때 개성이 있되 가볍지 않고 어딘지 무게가 느껴지는 격格도 중요하다.

• 명확한 목표를 세워라

먹고살기 위해 돌을 다루는 석공과 조각 작품을 만들기 위해 돌을 다루는 석공은 같은 일을 하더라도 자세가 다를 것이다. 미래의 명확한 목표를 정하고 행동하는 사람에게서는 활력과 매력이 느껴진다. 목표를 명확하고 크게 정해 도전하는 자세가 느껴진다면 고객도 거기에 호감을 느낄 것이다.

• 지역 고객의 환심을 얻어라

이상적인 점포 경영은 단골 고객을 많이 만들어 고정 고객을 유치하는 것이다. 이런 일은 토박이 지역 고객들의 신용이 필수다. 뜨내기 고객 아홉의 칭찬보다도 토박이 고객 한 명의 험담이 더 큰 힘을 발휘함을 명심하라.

• 종업원 간의 커뮤니케이션이 중요하다

대형 점포에 고객이 붐비는 것은 넓은 공간에서 다양한 물건을 접할 수 있기 때문이기도 하지만, 종업원들이 완벽한 커뮤니케이션으로 일사불란한 서비스를 제공한다는 요인도 크다. 소규모 점포에서도 이런 교육을 하지만, 사업주가 아무리 강조해도 이내 빈틈이 생길 수 있다. 규모가 크고 종업원 수가 많으면 이런 틈이 가려질 수 있지만 소점포에서는 금방 티가 난다. 종업원들의 일사불란한 태도 하나가 점포 이미지를 밝게도 하고 어둡게도 할 수 있음을 기억하라.

15 | 모든 고객은 공짜에 혹한다

공짜의 위력

세상에 공짜나 무료를 싫어하는 사람은 없을 것이다. 기업 경영과 마케팅 전략에서도 가장 큰 영향력을 발휘하는 것은 공짜나 무료 전략이다. 시음 행사나 시식회, 경품 등의 이벤트는 단골 마케팅 전략으로 활용된다.

아무 대가나 조건 없이 무언가를 거저 준다는데 마다할 사람이 있을까? 이런 심리를 고려해 향후 가능성 있는 가망 고객들을 대상으로 홍보하고, 신규 고객으로 유도하기 위해 이들의 마음을 사로잡을 마케팅 전략을 연구해야 한다. 외국의 어느 마케팅 전문지에 따르면, 유명한 강사를 초청해 강연회나 세미나를 여는 것보다 무료로 음식과 음료를 제공하고 선물을 주는 것이 사람들을 모으는 데 훨씬 효과적이었다고 한다.

그러나 공짜만큼 효과적인 게 없다지만 이러한 전략도 과정이나 방법이 잘못되면 하지 않느니만 못할 때도 있다. 공짜는 누구나 좋아하지만 요즘의 기발한 상술을 경험하며 고객들 머릿속에는 '세상에 공짜가 어딨어?'라는 불신이 깊이 뿌리내려 있기 때문이다. 신규 고객으로 유치하기에 유망한 가망 고객들의 관심을 끌려면 고객이 그에 대한 부담을 느끼지 않게 철저하게 준비하고 배려해야 한다.

성공적인 공짜 마케팅의 예를 들어보겠다. 발효기기 제조업체인 A사는 창립 10주년을 기념해 특별한 고객 행사를 마련했다. 향후 유망한 가망 고객 기업들을 유치해 단골 고객 기업으로 유도하겠다는 목적으로, 전국에 있는 가망 고객 점포 사장들을 선별해 회사로 초대하고 축하 행사와 골프 대회, 여흥을 겸한 파티를 열기로 한 것이다.

이때 먼 지역에서 오는 고객들에게는 왕복 항공료 등 관련 비용을 모두 주최 측이 부담했는데, 결과는 대성공이었다. 미리 연락받은 가망 고객 기업 대부분이 행사에 참여했으며, 그중 상당수가 이후 실제 단골 고객으로 발전했다. 큰 비용이 들었지만 가망 고객이 향후 가져다줄 이익을 따져볼 때 충분히 투자할 가치가 있었고, 이왕 공짜 마케팅을 하는 거라면 고객의 인상에 확실히 남을 행사와 서비스를 제공하자는 생각이 적중한 결과였다.

물론 소점포에서 이런 행사를 열기 어렵다. 대신 개인 고객들은 가격을 떠나 이색적인 마케팅이나 작은 선물에도 충분히 관심을 기울인다. 무료 시식회나 무료 시음회, 선물 나눠주기 등은 점포를 알리고 잠재 고객을 개발, 유치하는 데 주효한 전략이다.

　예를 들어 호프집이나 음식점 창업, 개발된 지 얼마 되지 않은 신상품 판매점을 창업할 때는 무료 시식회나 시음회, 선물 나눠주기 등 신상품 사은 행사를 예정하고 이를 창업 비용에 별도로 포함해야 한다. 이런 종류의 창업에서는 고객이 얼마나 모일 것인가는 부차적인 문제고, 당장 잠재 고객들에게 점포의 존재를 충분하게 알리는 일이 급선무기 때문이다.

　무료 시식회는 개업 하루 전이 좋으며, 맛과 분위기 등을 완벽하게 준비해야 사후에 좋은 평가를 받는다. 이때 좋은 인상을 주고 점포의 차별성을 보여주는 데 성공하면 초대받은 사람들이 '이 집은 성공하겠다'는 확신을 갖게 되는데, 특히 음식점은 입소문으로 고객이 느는 경우가 많으므로 이는 최고의 홍보 효과를 낳는다.

16 | 간판은 가능하다면 항상 밝혀라

간판은 점포의 얼굴이자 점포를 알리는 첫걸음

외출하기 전에 우리는 부지런히 몸단장을 한다. 피곤하고 귀찮은데도 매일 화장을 하고 머리를 다듬고, 옷매무새를 점검하는 이유는 무엇일까? 자기만족이라는 이유도 있지만 사회생활 속에서 이런 몸단장은 자신을 잘 표현해 남에게 호감을 주고 좋은 이미지를 남기기 위함일 것이다. 이를 소점포에 비유하면, 간판은 점포의 얼굴과 같다. 매장을 알리는 첫인상인 간판은 고객에게 점포에서 취급하는 상품의 내용이나 이미지가 함축성 있게 전달되도록 제작, 설치되어야 한다.

처음으로 창업하는 사람들 중 인테리어에는 많이 신경 쓰면서도 간판에는 비용을 들이려 하지 않는 경우가 많다. 마케팅 관점에서 볼 때, 간판은 인테리어보다 고객의 눈길을 끄는 직접적인 수단이므로 더 많이 신경 써야 한다. 간판을 정할 때는 사용하는 재료와 색깔, 크기, 위치를 고려해야 하며 점포의 규모나 상권 및 입지와 조화를 이루는 것도 중요하다. 간판의 위치나 크기 등은 법률 규제가 있으므로 관련 법규도 충분히 검토해야 한다.

간판은 특히 위치가 중요하다. 점포 계약을 하기 전에 매장 주변을 잘 둘러보고, 통행인의 눈에 가장 잘 띄는 자리를 정해 건물주와 협상해야 한다. 아무리 점포의 위치가 좋더라도 좋은 간판 자리를 확보하지 못하면 입지 효과는 반감된다.

간판은 항상 밝히고 낮에도 매장 조명을 켜둔다

매장이나 점포 내부 모습은 들어가봐야 알지만 고객을 매장 안으로 끌어들이는 주요 요소는 외관이다. 실제로 외관을 바꾸었더니 매상이 크게 올랐다는 말을 많이 듣는데, 이는 고객이 외면하는 점포나 매장은 외관에 문제가 있는지 점검해봐야 한다는 말도 된다. 처음 보는 매장이나 점포를 방문하려는 고객은 심적으로 약간의 불안을 느낀다. 외관은 이러한 고객의 기분을 '들어가보고 싶다'로 유도하는 중요한 수단으로, 외관의 주요 구성 요소는 간판과 조명이다.

간판의 주된 역할은 멀리서도 통행인의 눈길을 끄는 것이다. 점포 주변을 지나가는 통행인은 간판을 보고 점포의 존재를 인식하므로 일단 간판은 눈에 잘 띄어야 한다. 매장 면적이 좁고 출입구가 작은 소규모 점포일수록 간판의 중요성은 크다. 예를 들어 편의점을 찾는 고객에게 마침 눈에 쏙 들어오는 편의점 간판이 보인다면 그는 십중

팔구 그 점포로 들어설 것이다. 점포 근처에 와서야 간판의 내용을 알아볼 수 있어서는 곤란하다. 한편 간판은 영업이 끝난 시간에도 최소한의 불을 밝혀 상호와 위치 등을 알리고, 네온사인 등으로 경쟁 업체와 차별화를 꾀함으로써 점포의 존재를 알리고 고객의 눈길이 한 번이라도 더 머물게 해야 한다.

조명도 마찬가지다. 고객이 있든 없든 늘 경쾌한 음악과 함께 밝은 분위기를 유지해야 한다. 낮 시간에 장식등을 꺼놓은 매장이나 점포에 들러 사업주나 종업원에게 그 이유를 물어보면, 대부분 "손님도 없는데 절약해야죠"와 같이 대답한다. 그러나 고객이 없는 시간대일수록 더욱 환하고 생동감 있는 분위기로 만들어야 한다. 고객이 들어서면 그제야 불을 밝힌다면 어수선한 분위기를 줄뿐더러 준비되지 않은 곳이라는 인상을 주지 않겠는가. 영업을 시작한 게 맞는지 알 수 없는 우중충한 매장이나 점포에 들어가고 싶은 고객은 없을 것이다.

최근 들어 조명은 실내를 밝히는 기능만큼 인테리어로도 중요한 역할을 한다. 침침한 느낌의 조명은 매장 분위기를 가라앉히고 고객들의 소비 욕구를 떨어뜨리므로 전체 조명이 은은할 때는 최소한의 포인트 조명을 두는 것이 좋다.

17 | 상품을 과대 포장하지 말라

자기 '상품'을 제대로 알아야 잘 팔 수 있다

흔히 '상품'이라 하면 고객의 필요나 욕구를 충족시키는 것을 말한다. 이러한 상품의 개념에는 크게 세 가지 차원이 있다. 가장 기본적인 '핵심 상품' 차원은 고객이 실제로 구입하는 근본적인 혜택이 형상화된 모습 자체를 말한다. 두 번째로 '유형 상품' 차원은 고객이 어떤 상품을 구매할 때 정상적으로 기대하는 속성, 편익, 서비스다. 세 번째는 '확장 상품' 차원으로 고객이 기대하는 수준 이상의 추가적인 서비스와 혜택을 뜻하며, 판매 경쟁자와의 차별성을 부각하는 요소라 할 수 있다. 이러한 확장 상품에는 품질 보증, 배달, 설치 등이 포함된다.

그러면 고객은 어떤 상품을 원하는가?

이런 질문을 받으면 소비자인 고객들은 대부분 좋은 상품을 원한다고 답할 것이다. 그렇다면 다시, 고객들이 말하는 좋은 상품이란 어떤 것일까? 예를 들어 세탁기라면 고장이 나지 않고 성능이 우수한 세탁기가 좋은 상품이겠다. 이렇게 보면 상품이란 고객이 자신의 욕구에 따라 구매하는 유형, 무형의 모든 것을 뜻한다고 할 수 있다.

점포를 찾는 고객에게 상품이나 서비스를 제공하고 판매하려면 무엇보다 사업주나 종업원 자신이 상품이나 서비스의 내용을 소상하게 알고 있어야 한다. 옷가게를 하는데 옷에 대한 상식이 고객보다 부족해서야 장사를 제대로 할 수 없다. 물론 시간이 흐르면 저절로 배워지겠지만, 창업 초기라면 집중적으로 상품과 서비스에 대해 학습해야 한다.

일본에서는 택시 기사로 취직하면 지도 읽기 훈련을 우선적으로 받는다고 한다. 택시 안에 반드시 지도를 구비하고, 길을 모를 때는 지도로 확인한 뒤 운전을 시작한다는 것이다. 그럴 때 고객에게는 "죄송합니다. 저는 이 길이 초행입니다. 잠시 지도를 보고 확인한 다음 모시겠습니다"라는 말을 잊지 않는다. 이처럼 택시를 이용한 운송 서비스의 대가로 돈을 받는 사람에게는 고객이 원하는 목적지까지 빠르고 안전하게 모실 의무가 있으며, 그것이 그가 고객에게 제공해야 할 상품이다.

한편 음식점을 경영하려는 사람을 생각해보자. 그는 음식에 대한 전문 지식은 물론 내놓을 음식들의 궁합까지 알아야 최상의 상품과 서비스를 제공할 수 있다. 어떤 음식에는 어떤 반찬이 어울리는지, 함께 내놓으면 좋은 음식과 그렇지 않은 음식이 무엇인지 등을 충분히 알고 있어야 한다. 일례로 기름기 많은 삼겹살을 먹을 때는 찬물을 마시면 배탈이 날 확률이 높다고 한다. 그런데 이런 점을 배려하는 고깃집은 그리 많지 않다. 중국 음식점에서 기름기 있는 요리에는 반드시 따뜻한 차가 따라 나오는 것과 대비된다.

물론 불판 앞에서 고기를 먹노라면 찬물을 원하는 손님들도 있겠지만, 일단은 따뜻한 차를 내놓으며 그 이유를 설명한다든가 점포 내에 관련된 설명을 써서 붙여둔다면 어떨까. 손님들은 주인이 자신이 파는 상품에 충분한 지식과 책임감을 가지고 있으며, 손님들의 건강을 생각하는 사려 깊은 점포라는 느낌을 받을 것이다.

이렇듯 상품이나 서비스를 팔고자 하는 사업주나 종업원은 '내가 무엇을 팔아야 하는가?'에 대해 충분히 학습하여 점포를 찾는 고객에게 최상의 상품이나 서비스를 제공할 준비를 갖추어야 한다. 고객은 단순히 상품뿐만 아니라 접객의 성의가 담긴 응대, 점포 분위기 등을 종합적으로 고려하기 때문이다. 자신의 상품을 제대로 알지 못한다면 고객에게 최상의 상품이나 서비스를 제공할 수 없다. 게다가 상품이나 서비스 내용을 실제보다 과대 포장하거나 심지어 품질이나 가격을 속이기도 하는데, 이는 당장은 이윤을 낳을지 몰라도 장기적으로는 고객을 몰아내는 행위와 같다.

경험으로 느낀 것이지만, 택시 기사 가운데 길을 몰라 헤매거나 경로를 잘못 택해 요금이 초과되었는데도 자신의 운전 지식을 과대평가하며 잘못을 인정하지 않는 이들이 있다. 음식점에서도 서비스에 대해 불만을 말하면 상품이나 서비스에 대한 자신들의 지식이 부족한 점은 고려하지 않고, 오히려 불평 많은 고객으로만 보기도 한다.

옳고 그름의 차이, 정직과 속임의 차이를 모르는 사업주나 종업원은 없을 것이다. 그럼에도 사실을 숨긴 채 고객들을 그럴싸한 말로 현혹하거나 상품을 과대 포장하여 일시적 판매 증대나 수익에만 치중하는 일이 아직도 근절되지 않고 있다. 바야흐로 신용 사회다. 자기 상품이나 서비스를 과대 포장하지 말고 있는 그대로 말하라. 진실만큼 오래도록 점포를 지켜주는 것은 없다. 얄팍하면 쉽게 깨질 수 있다지 않은가!

18 │ 가격을 숨기지 말라

가격에 대한 고객의 심리

동일한 상품이라도 어떤 상표를 붙이는지에 따라 판매 결과가 다르듯, 상품의 가격 또한 고객의 구매 의사 결정에 큰 영향을 미친다. 고객으로서는 자신들의 지갑을 열어야 하는 상황이니 민감한 것이 당연하다.

그런데 흥미로운 것은 싸다고 잘 팔리거나 비싸다고 안 팔리는 것이 아니라는 사실이다. 어느 유명 백화점에서 수입 상품을 아주 싼 가격에 행사용 매장에서 판매했을 때다. 의외로 사람들은 관심조차 보이지 않았다. 그런데 '수입품은 고가'라는 고객들의 고정관념에 맞추어 비싼 가격으로 다시 판매를 실시하자, 같은 상품임에도 이번에는 날개 돋친 듯 팔려나갔다는 것이다.

마케팅 관리자들은 고객들의 심리를 파악하기 위해 여러 방법을 동원한다. 그러나 아무리 노력하고 분석해도 갈수록 이해하기 어려운 것이 소비자의 심리, 즉 고객의 마음을 얻는 것이라 한다. 고객의 심리는 간단히 이해할 수 있는 대상이 아니며, 항상 일관적이거나 논리적인 것도 아니다. 이것이 바로 오묘한 고객의 심리다. 사회인지심리학자인 니콜라 게겐Nicolas Gueguen 교수는 《소비자는 무엇으로 사는가?》에서 가격과 관련된 고객들의 심리를 다음과 같이 설명한다.

우선 고객들은 저렴한 상품을 선호한다. 같은 물건이라면 싼 게 좋으므로 세일이라면 몰려든다. 이와 함께 고객들에게는 유인 전략이 통한다. 이는 저렴한 상품을 광고하여 사람들을 모아놓고 다른 상품들은 인하하지 않은 가격으로 판매하는 전략이다. 싸게 구매할 수 있다면 사람들은 몰려들게 마련이고, 다른 것까지 저렴하게 보여 구매로 이어진다.

한편 이와 정반대의 고객 심리도 있다. 앞서 백화점의 수입품 예에서도 보았듯 비싸면 품질도 좋을 것이라는 인식은 싸면 좋다는 일반적인 생각과 완전히 다르지 않은가.

그런데 이처럼 상반되는 경우라 하더라도 기본적으로 소비 의사 결정의 판단 기준인 준거 가격Reference Price은 사람들 마음속에 존재한다. 예를 들어 소설책은 7천 원에서 만 원이면 적절한 것 같다거나 세면용 비누는 1,300원 정도면 적절하다든지 하는 생각 등이다.

마지막으로 게겐은 단수 가격Odd Pricing에 대한 소비자들의 비논리적 이해를 지적한다. 백화점 전단지에서 여성용 구두가 7만 9천 원, 아동화는 2만 9천 원으로 되어 있으면 소비자들은 언뜻 구두는 7만 원,

아동화는 2만 원대라고 생각한다. 단수 가격은 바로 이런 심리를 노리는 가격 전략이다.

이렇듯 고객들은 때로는 예측이 힘들지만 때로는 매우 논리적이고 냉정하게 상품에 대한 정보를 수집하고 가격을 비교하기도 한다. 도대체 소비자들을 어떻게 이해하고 그들에게 접근해야 하는가?

우선 전략적 측면이 중요하다. 시장에 깊숙이 들어가 높은 시장 점유율을 확보해야 할지, 아니면 작은 시장이지만 수익이 높거나 고객 기반이 안정된 시장을 목표로 삼을지를 검토해야 한다. 시장이 정해졌다면 이제 해당 시장 소비자에 대한 깊이 있는 이해가 필요하다. 남들에게 과시하기 위해 상품을 구매하는지, 아니면 자신의 생활이나 직업 등과 밀접한 관련이 있는 구매인지, 그리고 꼼꼼하게 가격을 비교하는 고객들인지 등을 파악해야 한다.

적정 가격을 설정하고 게시하라

적정 가격 Reasonable Price 이란 고객이 상품이나 서비스에 지불하는 '납득할 수 있는 가격'을 말한다. 쉽게 말해 돈을 내고도 기분 좋은 가격이다. 소득 수준이 낮은 지역은 임대료나 권리금 등 점포에 들어가는 고정 비용이 소득 수준이 높은 지역에 비해 낮다고 볼 수 있으므로 적은 비용으로 사업을 시작할 수 있다. 반대로 소득 수준이 높은 지역에서 장사를 하려면 가격에 투자 비용이 반영되어야 한다. 또한 상품에 따라서는 소득의 높낮이와 관계없이 적정하다고 생각되는 가격이 있으므로 상품의 성격과 종류에 따라 가격 정책을 달리해야 한다. 이처럼 점포를 열기 전에 상품에 대한 고객의 습성을 파악하고 그에 맞춰 가격 정책을 세워야 한다.

'적정 가격을 설정하고 가격을 게시하라.' 이 말은 가격을 숨기지 말라는 뜻이다. 같은 종류의 상품도 품질에 따라 등급이 다양하며, 당연히 가치에 따라 가격이 다르다. 고객들은 있는 그대로의 상품과 진실한 가격을 원한다. 진실은 힘이 있다. 정직한 가격만큼 점포나 사업주를 지켜주는 것은 없다.

고객은 대부분 가격을 물어보기 주저한다. 가격을 궁금해하는 것 자체가 구매에 대한 부담으로 느껴져서, 아니면 수줍음이 많거나 시간이 별로 없어서일 때도 있다. 모든 상품의 가격을 게시해서 고객이 상품 가치를 제대로 평가하게 하고, 혹시 가격표가 제대로 붙어 있지 않은 상품은 없는지 수시로 확인해야 한다. 정찰제처럼 가격이 게시되어 있으면 고객들은 그 가격에 신뢰감과 함께 자신이 생각하는 상품의 가치와 견주어 그 상품을 평가할 수 있다. 가격을 게시하지 않고 물어볼 때마다 가격을 말해준다면 그 가격에 신뢰를 느끼기는 힘들지 않겠는가? 사업주는 상품의 품질과 가격에 자신이 있음을 당당히 드러내 고객에게 신뢰감을 주어야 한다.

동네 고객에게는 볼 때마다 인사하라

예의범절을 중시하는 우리나라에서는 예로부터 인사를 잘하고 못하는 것으로 사람의 됨됨이를 가늠해왔다. 때로는 인사성이 밝은 아이를 보면 '아무개 아들은 사람이 됐어. 인사성이 바르고 좋아'라며 그의 부모까지 칭찬한다. 이처럼 인사는 인간관계의 기본이며, 인사를 통한 마음의 자세는 사회생활에서 기본예절의 척도로 여겨진다. 인사는 받는 사람만의 기쁨이 아니라 인사를 하는 사람도 기분 좋게 한다. 러시아 대문호 톨스토이는 '어떤 상황이든 인사는 부족한 것보다는 지나친 편이 좋다'라고 말했다.

사업주와 종업원이 단골 고객은 물론이고 처음 만나는 고객일지라도 반갑고 정중하게 인사를 건네야 함은 앞에서도 강조한 바다. 혹시 고객이 경계심을 풀지 않거나 수줍음이 많다 해도 늘 친절과 상냥함을 잃지 않으면 좋은 이미지를 전할 수 있고 고객도 마음을 열게 된다.

그런데 인사나 고객 관리는 점포 안에서만 이루어지는 것이 아니다. 점포 밖에서 마주치는 사람들에게도 좋은 인상을 주어야 한다. 선량한 이웃으로서 좋은 평판과 친분 관계를 쌓고 유지하려 노력하는 것은 자신에게도 좋고 점포에도 도움이 되는 일이다.

점포 주위의 이웃이나 동네 사람들과 마주칠 때면 그들에 대한 자신의 인상이 점포의 인상을 대변한다는 점을 명심하고 밝게 인사를 건네자. 그들이 기존 고객이라면 감사의 뜻을 전함으로써 지속적인 단골 고객으로 유도할 수 있고, 거래 관계가 없는 사람이라도 언제든 점포를 찾을 수 있는 가망 고객이지 않은가.

그리고 이웃이나 동네의 크고 작은 일에 방관하지 않는 인정을 보여주고, 때로는 작은 나눔의 자리를 마련하는 등 이웃과 착실히 정을 쌓아가야 한다. 자신의 점포로 이웃들을 초대해 차를 대접한다든가 동네의 작은 행사가 있을 때 장소를 제공하는 등 이웃에게 베풀면 그 마음은 그대로 '고객사촌'이라는 말로 돌아올지도 모른다.

동네 고객에게는 만날 때마다 인사하라. 언제든 어디서든 인사하라. 인사성 밝은 점포는 성공한다!

2
단계

고객이
지갑을
열게 하라

19 | 사소한 행동이 고객의 지갑을 열리게 한다

사업주의 솔직함이 종업원과 고객을 감동시킨다

일반적으로 사규란 회사 내에서 사업주와 종업원 모두가 지켜야 할 규칙을 말한다. 사규를 지키는 것은 사업주도 예외가 아니다. 종업원들에게는 회사 내의 규칙을 지키라고 강요하면서 정작 사업주 자신이 그 규칙을 지키지 않는다면 이는 설득력이 떨어진다. 사업주들이여, 사규에 어긋난 잘못을 했다면 솔직하게 인정하라.

간혹, 사장의 잘못은 야단칠 사람이 없으니 그냥 넘어가는 경우가 있다. 예를 들면 종업원들에게는 근무시간에 업무와 관계없는 사적인 전화를 삼가게 하면서 사장은 시간 가는 줄 모르고 통화를 하거나, 고객 앞에서는 종업원들끼리 반말을 하거나 잡담을 하지 못하게 하면서도 자신은 무심결에 고객 앞에서 수다를 떠는 일이 많다. 또한 종업원들에게 업무 지시를 한 상태에서 또 다른 일을 지시하고는 빨리 처리하지 않는다고 재촉하기도 한다.

사업주들은 대개 나중에 자신의 잘못을 깨닫더라도 미안하고 쑥스러운 마음에 그냥 웃어넘기거나 얼버무리는데, 그러지 말고 그 일의 당사자인 종업원들에게 자신의 실수나 잘못을 시인하는 동시에 마음을 터놓고 솔직하게 사과를 해야 한다. 사업주의 솔직한 태도와 진솔한 마음을 담은 사과는 종업원을 감동시키고 그 감동은 다른 종업원들에게도 전해져 신뢰와 충성심을 높인다. 나아가 종업원들의 크고 작은 감동은 고객들에게까지 파급되어 더 큰 감동으로 나타난다.

사소한 행동이 고객의 마음을 움직인다

사업주나 종업원들이 점포 안과 밖에서 고객들의 사소한 말을 귀담아 듣기란 쉬운 일은 아니다. 하지만 이를 들어두었다가 작은 변화를 시도했을 뿐인데 후에 엄청난 결과를 가져오는 일이 종종 있다. 가령 디스플레이나 결제 과정, 상품의 단점에 대한 사소한 말 하나도 흘려 듣지 말고 진지하게 고려한다면, 결과적으로 점포에도 도움이 되고 그 고객뿐만 아니라 여러 고객이 그러한 배려를 느낄 수 있게 된다. 즉 사업주나 종업원들은 자신의 점포에서 판매한 상품이나 서비스에 대한 불만이나 아쉬움 같은 고객들의 요구에 귀를 기울이고 변화의 필요성을 공감함으로써, 고객에게 깊은 관심을 갖고 있음을 전달하고 아울러 발전하는 점포의 모습을 보여야 한다.

어떤 고객이든 자신을 만족시키려는 작고 사소한 행동에 감동하기 마련이다. 고객들과 좋은 관계를 유지하려면 거창하고 자극적인 이벤트나 값비싼 선물 같은 것이 필요하다고 생각하기 쉽다. 물론 고객 관계의 초반에는 거창한 이벤트가 필요할 수도 있다. 하지만 고객 관계의 지속성과 신뢰감은 일상의 작은 친절이나 배려, 사소한 행동으로 고객에게 즐거움을 줌으로써 형성된다. 뜻밖의 작은 배려가 친밀감을 더해주고, 사소한 친절이 고객의 마음을 움직인다.

주머니와 지갑의 주인은 바로 고객이다. 주인의 마음이 동할 때 지갑은 자연스럽게 열린다. 사업주나 종업원들은 주머니와 지갑을 단단히 붙들고 있는 '고객이라는 신神'에게 즐거움과 만족을 주기 위해 적극성을 보여야 한다. 즉 고객의 마음을 사로잡으려면 사업주가 아닌 고객의 입장이 되어, 작고 사소할지라도 고객이 편리하고 기뻐할 만한 일을 찾아라. 작은 실천이 큰 결과를 낳듯 사업주와 종업원의 사소한 행동이 고객의 지갑과 주머니를 열리게 함을 언제나 명심하자.

20 | 고객 만족, 그 진실의 순간

순간을 노려라

'고객 만족CS, Customer Satisfaction'이란 고객의 욕구에 맞게 상품과 서비스 질을 혁신하여 내·외부 고객과 협력 고객을 만족 내지 감동시키는 것을 뜻한다. 서비스 기업은 서비스에 대한 고객 인식에 초점을 맞춰 고객을 만족시켜야 한다. 이를 위해서는 무엇보다도 고객이 종업원이나 특정 서비스 수단과 접촉하는 결정적 순간MOT, Moment of Truth에 대한 인식이 중요하다.

흔히 고객과 만나는 순간순간을 고객 접점의 '결정적 순간' 또는 '진실의 순간'이라고 부른다. 이 말은 원래 '투우사가 투우의 심장에 마지막 창을 꽂아 쓰러뜨리는 결정적인 순간의 환희'를 말하나, 고객 만족 경영에서는 '고객이 진정으로 원하는 것을 파악해 최대의 만족을 주는 기쁨의 순간'을 나타내는 말로 쓰인다.

스칸디나비아 항공사_{SAS, Scandinavian Airline System}의 얀 칼손_{Jan Carlzon} 사장은 이러한 고객 접점의 순간을 강조함으로써 고객 만족 경영의 신화를 창조한 대표 인물이다. 그는 적자투성이인 SAS의 경영을 맡아 문제점을 고심하던 중, 자사의 종업원 다섯 명이 일 년에 천만 명 이상의 고객들과 접촉하며 1회 접촉 시 응대하는 시간은 평균 15초 정도라는 사실을 알게 되었다. 그는 이 15초라는 짧은 시간에 1년이면 5천만 회 이상 고객의 마음속에 회사 이미지를 심어줄 수 있다고 생각했다.

그는 매 순간의 서비스 품실이 회사 이미시와 관세되어 성공과 실패를 결정지을 수 있다는 점에 착안해, '고객을 순간에 만족시켜야 한다'는 강력한 고객 만족 경영 전략을 추진했다. 그 결과 '결정적 순간'의 개념을 도입한 지 불과 일 년 만에 연 800만 달러의 적자 회사가 연 7,100만 달러의 흑자 회사로 탈바꿈하게 되었다.

그러면 이러한 '결정적 순간'은 언제 발생하는가? 서비스 기업을 예로 들면 '결정적 순간'은 고객과 접촉하는 매 순간 발생하는데, 일반적으로 원격 접촉, 전화 접촉, 면대면 접촉이라는 세 가지 형태로 나타난다.

• 원격 접촉

원격 접촉은 서비스 기업이 고객들과 직접적으로 접촉하지 않는 가운데 발생하는 결정적 순간들을 말한다. 예를 들면 은행의 ATM, 자동판매기, 전화를 이용한 우편 접수 서비스, 대금 청구서 발행 등에서 발생할 수 있다. 비록 고객들과 직접적인 접촉은 없다 하더라도 원격 접촉은 서비스 기업이 고객의 서비스 품질에 대한 인식을 구축하거나 강화하는 계기가 된다. 이때 서비스 품질을 평가하는 데 핵심적 역할을 하는 것은 특히 서비스의 유형적 증거와 기술적 과정 및 시스템의 품질이다.

• 전화 접촉

서비스 기업들에서 가장 많이 발생하는 결정적 순간이 전화를 이용한 고객 접촉이라 할 수 있다. 제품이나 서비스 마케팅 활동을 위해 기업들은 대부분 고객 서비스, 일반적인 고객 요구 수용, 주문 접수의 기능 형태로 전화 접촉에 의존하는데, 이때 전화를 받는 종업원의 음성 크기, 서비스에 대한 지식, 소비자 문제를 처리하는 데 따른 효율성 및 효과가 중요하다.

• 면대면 접촉

면대면Face-to-Face 접촉은 고객과 서비스 종업원 사이에 발생하는 직접적인 접촉이라 할 수 있다. 예를 들어 놀이공원의 매표 직원, 놀이 기구 관리 직원, 유지 보수 직원, 분장한 무용수, 음식 · 음료 · 스낵 판매원, 안내원 등과의 접촉이 이에 속한다. 서비스 품질을 이해하고 결정하는 결정적 순간의 형태 중 면대면 접촉이 가장 복잡하다고 할 수 있다.

이 외에도 서비스를 수행하는 매 순간은 고객 만족과 충성도를 형성하는 데 결정적인 역할을 함을 명심하자. 고객은 서비스 기업이 가지고 있는 어떤 자원이라도 처음으로 접촉하는 순간 서비스 품질에 대한 결정적 인식을 갖게 된다. 즉 지극히 짧은 순간이지만 서비스의 접점에서 서비스에 대한 생생한 인상이 고객에게 형성되는 것이다.

그리고 여러 접촉 과정에서 각기 발생하는 개별적인 결정적 순간들은 고객들에게 서비스 기업의 종합적인 이미지를 심어주는 역할을 한다. 한순간의 긍정적인 고객 접촉이 그 고객을 평생 단골 고객으로 만들 수도 있는 것이다. 고객을 만족시키는 '진실의 순간', '결정적 순간'의 잠재적 의미를 재인식하고, 고객을 순간에 만족시켜라!

고객 만족은 왜 중요한가—고객이 애인인 시대

사업 경영에서 고객이란 좁게는 상품과 서비스를 구매하거나 이용하는 손님을 뜻하고, 넓게는 상품을 생산하고 이용하며 서비스를 제공하는 과정에 관계되는 모든 사람이라 할 수 있다. 고객 관리는 이들 고객을 통해 매출 증대와 비용 감소를 도모하고 궁극적으로 점포의 이익 창출을 위해 고객을 관리하는 것이다.

필자가 자주 이용하던 비디오 대여점이 있었다. 대여점 주인은 당시 성업 중이던 다른 가게를 인수해 최신 프로를 다양하게 구비한 뒤 신장개업을 했고, 고객 유치에도 열심이었다. 그 결과 초기에는 제법 손님이 붐비고 운영도 순탄한 듯했다. 그러나 이후 비디오를 빌리러 갈 때마다 '테이프 반납 지연' 문제로 고객들과 언성을 높이는 장면이 자주 목격되더니, 얼마 가지 않아 고객이 줄어 결국 개업한 지 일 년도 되지 않아 폐업하고 말았다.

아무리 작은 사업이라도 사업의 중심은 반드시 고객이어야 한다. 그 대여점이 폐업한 데는 비디오 대여 시장의 규모 축소라는 외적 조건도 한몫을 했겠지만, 고객을 배려하지 않은 서비스 정신이 문제였다고 할 수 있다. 반납 일자를 어기는 고객 한 명과의 언쟁이 그 고객뿐만 아니라 그것을 목격하는 다른 손님들까지 불쾌하게 해 결국 점포 이미지를 나쁘게 함을 명심했더라면 그렇게 빨리 손님들에게 외면받지는 않았을 것이다.

이런 실수를 방지하는 차원에서, 고객의 일반적 심리와 관련된 고객 관리 요령을 몇 가지 들어보겠다.

• 차별화된 서비스, 준비된 서비스로 단골 고객을 확보하라

요즘은 고객 만족을 넘어 고객 감동을 추구해야 한다. 가격만으로 경쟁하던 시대가 끝나고, 남다른 차별화 서비스를 과감히 실행하지 않고는 성공할 수 없는 시대가 왔다. 고객들의 요구 수준도 예전과 달리 다양화, 복잡화, 고도화되어 기존의 접객 서비스로는 차별화를 기대할 수 없다.

고객들은 남들보다 더 나은 서비스를 받고 싶어 하고, 환영받고 기억되기를 바란다. 또한 독점하고 관심을 끌고 싶어 하며, 중요한 사람으로 인식되어 우월감을 느끼고 싶어 한다. 이러한 것들이 고객의 일반적 심리다. '고객은 왕이다'라는 말을 새삼스럽게 거론할 필요도 없이 경영 활동에서 고객이 차지하는 비중은 절대적이다. 그런데 고객들은 점점 까다롭고 무서워지고 있다. 조금만 섭섭해도 토라지며, 단 한 번의 실수로 단골 고객이 이탈한다. 고객 관리에서 방심은 금물

이다. 끊임없이 긴장하고, 최선을 다하라.

• 친절과 따뜻함은 인사성에서 나온다

서비스에서 가장 중요한 것은 친절이다. 친절한 점포는 고객의 마음까지 따뜻해지게 한다. 따뜻함을 전하기 위해 가장 먼저 점검할 부분은 인사다. 첫인사에서 느껴지는 경쾌하고 밝은 목소리, 자연스러운 한마디가 가장 중요하다. 고객이 한 번 들른 점포를 다시 찾지 않는 이유 가운데 으뜸은 종업원의 불친절이다. 특히 외식업 등 서비스 업종에서 종업원의 친절 여부는 점포의 매출 증감에 가장 큰 영향을 미친다. 사업주는 적성과 성격 등을 충분히 살펴 종업원을 선발하고 철저히 교육해야 한다. 미남, 미녀를 뽑을 것이 아니라 친절하고 따뜻하게 웃을 줄 아는가를 봐야 한다.

• 같은 서비스도 정성이 담기면 효과는 배가 된다

같은 말도 '아' 다르고 '어'다르다는 말이 있다. 서비스를 제공할 때 무엇보다 염두에 둘 점은 친절과 정성이다. 가령 무료로 샘플이나 사은품을 제공할 때, 고객이 그냥 집어 갈 수 있더라도 친절하게 직접 건네면서 "비싼 건 아니지만 써보세요"라고 말한다면 효과는 배가 될 것이다. 같은 차원에서, 사업주나 종업원은 항상 고객을 기억해서 친절한 점포 이미지를 세우기 위해 노력해야 한다. 필자가 가끔 가족과 찾는 한식점의 사장은 매번 직접 테이블을 돌면서 불편한 게 없는지 점검하며 꼭 메모를 한다. 그 메모는 이후 다시 찾아온 고객에게 신선한 기억과 반가움의 인사로 바뀌어, 그를 단골 고객으로 이끈 고리가 되었음은 물론이다.

　고객 만족 경영은 비단 영리 목적의 작은 가게나 회사, 은행 등에만 해당하지 않는다. 가계나 정부는 물론 각종 크고 작은 모임이나 단체와 같이 서비스를 주고받는 비영리 조직에도 충분히 적용될 수 있다.
　이제 고객 만족은 고객 감동을 넘어 고객 가치 경영의 시대로 접어들었다. 서울대학교의 이유재 교수도 2007년 6월《서울 비즈니스 레터》에 실린 글에서 고객 가치 경영을 비용과 수익성을 함께 고려하는 경영으로 인식했다. 그리고 고객도 기업이 일방적으로 제공하는 제품이나 가치를 수동적으로 소비하는 것이 아니라 가치의 창출, 추가 및 확산 과정에 능동적으로 참여하는 공동 창조자Co-creator라는 점을 강조했다. 이른바 고객을 위한, 고객의, 고객에 의한 가치라는 측면에서 고객을 보고, 고객을 가치 창조의 파트너로 보자는 것이다.
　사업을 운영하는 경영자라면 '고객이 애인'이라는 말이 상식으로 통하는 시대의 사업가임을 깊이 인식하고, 기업이 사랑할 고객의 진정한 가치에 주목해야 할 것이다.

21 │ '입소문 마케팅' 이렇게 활용하라

입소문과 관련하여 먼저 현장 경험 전문가인 이매뉴얼 로젠Emmanuel Rosen이 《입소문으로 팔아라The Anatomy of buzz》라는 책에서 든 장난감 요요의 사례를 보자.

어떤 꼬마가 요요를 멀리 던졌다가 다시 잡기도 하고 이리저리 회전을 시키면서 놀고 있었다. 지나가다 이 광경을 목격한 다른 아이는 학교 친구들에게 "굉장한 놀이기구를 봤어. 장난감이 알아서 다시 손으로 되돌아와"라고 말하며 흥분을 감추지 못했다. 요요는 곧 이 학교 학생들의 필수품으로 자리를 잡는다. 그 결과 장난감 요요는 1999년 '비니 베이비(작은 봉제 인형으로, 수집 열풍이 불면서 미국 전역의 청소년들에게 선풍적인 인기를 끌었다)' 다음으로 미국에서 가장 잘 팔린 장난감으로 기록된다. 모두 청소년들 사이에서 폭발적으로 전파된 입소문 덕분이었다.

최근 들어 마케팅 담당자들은 소비자를 통해 제품을 판매하는 것이 매출을 올리는 최고의 방법임을 깨달았다. 게임기 및 비디오 게임 제작 업체 닌텐도Nintendo나 광학기기 제조업체 폴라로이드Polaroid Corporation 등 세계적인 히트 브랜드들은 바로 입소문口傳, Word of Mouth의 위력을 제대로 파악하고 이를 마케팅에 적극 활용했다. 소비자들은 하루에도 수백 또는 수천 개의 상업 메시지에 노출되기 때문에 매스미디어의 광고를 대부분 걸러내는 경향이 있다. 또한 마케팅 담당자가 하는 말을 듣고 그에 대한 반응만으로 제품을 구매하는 것도 아니다. 하지만 친구나 가족의 얘기는 귀담아 듣는다.

　여러 연구 결과에 따르면, 소비자들은 마케팅 담당자나 광고와 같은 마케팅 자료들에서 제품에 대한 정보를 얻은 후 주위 소비자들과 이야기를 나눈다. 즉 입소문을 통해 마케팅이 이루어지는 것이다. 그만큼 입소문은 소비자의 구매 의사를 결정하는 데 큰 비중을 차지한다. 특히 인터넷과 개인 이동통신 등 정보 공유와 의사소통을 돕는 도구들이 급속히 발달하면서 네트워크가 강화되고, 이에 따라 입소문이 한층 급속히 그리고 대규모로 순식간에 번져 나갈 수 있게 됨으로써 이제는 더욱 막대한 영향력을 과시하게 되었다.

　소비자들의 경험에서 비롯되는 입소문은 제품과 서비스에 관심을 유발하여 구매에 영향을 미치고, 결과적으로 그 제품의 성패를 좌우하기도 한다. 그러므로 제품과 서비스의 특성에 맞는 네트워크 속으로 침투시키고, 핵심 역할을 하는 네트워크들을 찾아내 그들이 입소문을 퍼뜨리게 하는 이른바 '입소문 마케팅Buzz Marketing'은 최근 들어 여러 분야에서 중요한 마케팅 전략 수단으로 중시된다. 이제 마케팅 담당자들이 주안점을 둘 부분은 소비자들이 제품에 대해 적합한 방식으로 자주 그리고 호의적으로 이야기하게 하는 일임을 기억하자.

고객이 최고의 마케터다

성공적으로 입소문을 퍼뜨려 마케팅 전략으로 활용하려면 어떻게 해야 할까?

첫째, 신비감을 자극하라. 한 예로 소니SONY의 게임기 '플레이 스테이션'은 신비한 메시지를 활용해 소비자의 관심을 증폭시켰다. 제품 출시 전에 소니는 'U R NOT E'라는 메시지를 광고 전단·티셔츠·스티커 등으로 배포했다. 이때 E는 항상 빨강red으로 나타냈는데, Ready를 상징한다. 즉 풀어서 쓰면 U·R·NOT에 E를 보태면 'You Are Not Ready'로, 이 메시지에 대한 호기심과 신비감 자극이 성공해 이후에도 이 말은 유행처럼 젊은 층 사이에 번졌다.

둘째, 희소성을 활용해 기대감을 키워라. BMW는 출시 예정 스포츠카인 Z3로드스터를 영화 〈007 골든 아이〉에서 제임스 본드가 타게 한 뒤, 영화 개봉 전에 회사 차원에서 단골 고객만 초청해 시사회를 열었다. 이 시사회에는 BMW의 CEO가 나왔는데, 그가 커다란 상자에 비밀번호를 입력하자 상자가 열리면서 자동차가 나타났고 동시에 제임스 본드 역의 배우가 Z3를 몰고 입장했다. 이렇게 개봉 전의 영화를 통해 Z3를 본 4만 명의 선택된 사람들은 그에 자부심을 느껴 다른 사람들에게 열성적으로 시사회와 자동차에 대해 이야기했다.

셋째, 영웅 스토리를 활용하라. 1964년 출시된 포드의 '머스탱'은 출시 당시 《뉴스위크》와 《타임》의 표지에 실렸는데, 그 옆에는 포드의 젊은 사장 리 아이아코카Lee Iacocca의 사진이 자동차보다 몇 배나 크게 실렸다. 게다가 《뉴스위크》에는 아이아코카의 이야기가 커버스토리로 실려, 인물에 대한 호감을 이용한 입소문 마케팅에 성공했다.

데이브 볼터Dave Balter와 존 버트먼John Butman은 《고객이 최고의 마케터다GRAPEVINE》에서 입소문 마케팅에 대해 이렇게 말했다. "입소문은 사업을 경영하는 사업주나 종업원들의 꿈이라고 할 수 있다. 이는 가장 강력하고, 적용하기 쉽고 빠르게 움직이는 커뮤니케이션 수단이기 때문이다. 입소문은 마케팅의 모든 요소에 영향을 미치고, 이 요소들은 다시 입소문에 영향을 준다. 예를 들어 광고에 대한 입소문이 커지면 그 효과가 커지고, 쿠폰을 가진 사람의 경험이 입소문이 되면 쿠폰의 마케팅 효과가 좋아져 결국 마케팅 활동이 활발할 때 입소문도 풍성해진다."

대체로 사람들은 입소문이 요행으로 얻어지거나 사실보다 과장되는 것으로 생각한다. 그러나 입소문 마케팅은 무엇보다 상품의 품질과 신뢰성이 바탕이 될 때 효과적으로 추진되며, 신뢰가 바탕이 된 채널 속에서 가장 자연스럽게 이동한다. 즉 입소문 마케팅은 고객을 더 이상 하나의 타깃Target으로 보지 않고 동반자인 파트너로 인식하는 위드 마케팅With Marketing이 되어야 한다. 그리고 무엇보다 상품과 서비스가 뛰어난 품질을 보장할 때, 그리고 이를 널리 퍼뜨리기 위한 관계자들의 열정이 뒷받침될 때 그 힘을 효과적으로 발휘할 수 있다.

22 | 대화를 통해 고객 관계를 구축하라

고객 관계 관리CRM

누차 강조하듯, 오늘날 기업이 치열한 경쟁에서 살아남기 위해 해결해야 할 지상과제는 고객과 장기적인 관계를 만드는 일이다. 이는 경영학계에서 말하는 고객 관계 관리 CRM, Customer Relationship Management 또는 고객 관계 마케팅 Customer Relationship Marketing을 말한다. CRM은 기업 내부의 변화 외에도 기업을 둘러싼 정치적, 경제적 환경 변화와 사회적, 기술적 변화에 대한 대응책으로도 최고의 해결 방안을 제시한다. 또한 수많은 경쟁 기업과 맞서는 데 가장 확실한 무기 역시 CRM이다.

CRM에서는 기존 고객은 '금', 신규 고객은 '은'이라 한다. 신규 고객을 유치하는 데는 연구 조사, 분석 시간, 전략 개발, 상품 개발, 기술 지원, 할인, 샘플 제공, 유통망 뚫기, 광고, 세일즈 팀 가동 등 많은 인력과 비용이 들며 실패의 위험도 크다. 그리고 신규 고객을 유치하는 데 드는 비용은 이것이 효율적으로 사용되었는지를 점검하기 어렵고 기간도 장기적이다.

따라서 고객 전략은 기존 고객을 만족시키고 이탈을 방지하는 데 핵심을 두어야 한다. 파레토의 법칙에서도 말하듯이 기존고객 중에서도 특히 최상위 20퍼센트 고객이 기업 수익의 절대 부분을 차지한다. 바로 이 20퍼센트의 고객이야말로 기업이 믿고 의지해야 할 충성 고객이다.

그러면 이러한 충성 고객의 가치는 어디에서 찾을 수 있을까? 토니 크램은 《믿을 수 있는 고객 만들기》에서 충성 고객의 가치를 다음과 같이 제시했다. 첫째, 만족하는 고객이 더 많은 구매를 한다. 둘째, 고객을 알면 경비를 절약할 수 있다. 셋째, 고객 성향 파악은 트렌드 파악의 지름길이다. 넷째, 충성 고객은 신규 고객보다 가격에 덜 민감하며, 기꺼이 프리미엄 가격을 지불한다. 다섯째, 만족한 고객들이 입소문을 낸다.

결론적으로 충성 고객은 구매를 증가시켜 수익성을 제공해줄 뿐만 아니라, 고객들의 취향과 관심거리를 미리미리 분석할 수 있게 해준다. 그러한 경험적 데이터를 통해서 고객 관리의 문제점을 개선하고, 고객에게 직접 정보를 받아 상품과 서비스의 품질을 향상할 수 있다. 뿐만 아니라, 고객의 경험 고백을 통한 입소문 마케팅은 광고 이상의 효과와 시장 점유율을 확대하는 데 도움을 준다.

대화의 문을 항상 열어두어라

충성 고객의 선택에는 지속적으로 보상을 해야 하는데, 보상 방법에는 품질 향상을 포함해서 여러 가지가 있겠지만 가장 중요한 것은 고객의 기대를 정확하게 파악하는 것이다. 특히 고객 충성도는 마음으로 고객과 기업의 유대 관계가 이루어져야 나타난다. 따라서 고객과의 상호적인 고객 충성도 전략을 도입하고자 한다면 CRM 과정에 인간관계에서 느낄 수 있는 끈끈함과 같은 요소를 도입해야 한다.

요즘 기업들은 대부분 고객의 중요성을 누구보다 잘 알며, 실제로 기업 경영의 구심점을 고객 중심으로 맞추는 것이 보편적인 추세다. 이러한 경향은 비단 서비스 업종에 국한된 현상이 아니라 제조업을 비롯해서 모든 산업 전반에 걸쳐 확대되고 있다. CRM도 단순한 관계 마케팅 차원에서 실시하는 경우부터 오랜 준비 기간을 거쳐 데이터베이스 구축 등 새로운 시스템을 도입하는 경우도 많다. 다만 이때의 CRM은 이론적이고 과학적인 시스템보다는 인간관계를 중심으로 감성적인 접근을 강조하는 형태가 되어야 한다.

고객은 사람이다. CRM을 오로지 정형화된 시스템에만 의존하여 인간관계를 등한시하면 중대한 오류를 범할 수도 있다. 가장 좋은 방법은 대화를 통해 고객과의 관계를 긴밀하게 구축함으로써 장기적인 유대를 공고히 하는 일이다. 다양한 고객의 니즈를 충족하려면 전문 지식, 정보 등도 중요하지만 고객과의 긴밀한 유대 관계가 선행해야 하기 때문이다.

효율적인 대화는 상대방에 대한 신뢰를 키워주므로 긴밀한 관계 구축에 필수적이다. 언제든지 대화의 문이 열려 있다는 것을 고객이 느끼게 해야 한다. 고객이 원하면 언제든지 만나고, 하소연을 하면 들어주고, 원하는 것이 무엇인지 파악하여 해결해주자. 대화의 문은 항상 열려 있어야 한다.

23 │ 살아 있는 고객 관계 만들기

금융 서비스 기업에서 오랫동안 고객 서비스를 담당하면서 필자는 새로운 고객과의 관계 구축이 얼마나 중요한지를 실감했다. 철저한 준비 과정 없이 무조건 어떤 사업을 시작했다가 중간에 실패하는 모습도 많이 보아왔다. 기업의 성공은 고객들과 얼마만큼 오랫동안 좋은 관계를 유지하느냐에 달렸다. 이를 위해 사업주는 고객들이 기업과의 관계에서 기대하는 사항을 잘 이해하고 실천해야 한다. 특히 최우량 고객과의 신뢰 구축이 중요한데, 신뢰는 오랜 시간에 걸쳐 쌓이는 것이지만 순간의 실수로 무너질 수 있는 만큼 긴장을 늦춰서는 안 된다.

살아 있는 고객관계를 만들기 위해서 유념해야 사항을 정리해보았다.

• 상호 신뢰를 구축하라

모든 인간관계가 그렇듯, 고객관계에서도 믿음과 신뢰가 가장 중요하다. 그러나 이러한 신뢰 구축에는 시간이 많이 걸린다. 오랜 시간동안 다양한 채널을 통해 고객과 접촉하고, 정보를 공유하는 것이 무엇보다 중요하다.

• 품질 최우선주의를 실행하라

고객과의 신뢰 구축에 서비스보다 더 좋은 것은 바로 상품의 품질이다. 백마디 말보다 백 번의 서비스보다 품질의 우수성이 고객에게 가장 중요하다. 인간적 호감도 품질이 떨어지면 지속성을 잃게 마련이다.

• 고객의 선택을 존중하라

고객은 자신의 취향대로 상품을 고른다. 일단, 고객의 선택에 대한 인정과 감사의 마음을 전하라. 친근한 첫인상을 준 뒤, 고객에게 다른 상품의 정보를 정중히 제공하고 고객 스스로가 선택하게끔 유도하라.

• 고객의 목소리를 들어라

고객과의 대화의 문을 열어라. 사소한 말 한마디 인사 한마디가 고객의 긴장감을 풀어주게 되고, 비로소 고객은 자신의 의도와 선호도를 말하게 된다. 이것이 바로 고객의 목소리를 듣는 가장 핵심적인 요소이다.

• 확실한 서비스를 지원하라

고객에게 시간은 돈이다. 따라서 고객이 상품의 품질 문제로 쓸데없는 시간을 허비하게 만들지 말라. 상품에 하자가 생겼을 때, 그 문제점을 인정하고 질 높은 서비스로 고객의 불안감을 제거하라. 그러면 그 고객은 단골 고객이 될 것이다.

• 충성 고객에게 특별히 대우하라

고객이라고 다 같은 고객은 아니다. 차별화된 고객 관리를 통해서 타깃 마케팅을 지향하라. 충성 고객에게는 특별 정보 제공 서비스, 고객 맞춤 서비스, 절차 간소화 등 다양한 방식으로 자신이 특별히 인정받고 있다는 자부심을 제공하라.

24 | 간판 상품을 개발하라

점포를 운영하는 데는 체계적인 관리와 전략이 중요하다. 고객에게 취급 상품과 제공하는 서비스를 효과적으로 알려 판매 증대로 이어지게 하려면 체계적인 접근이 필요하기 때문이다. 체계적인 점포 관리는 매출을 올리고 수익을 높이는 것과 직결된다는 점에서 점포 사업자가 항상 염두에 두고 있어야 할 사항이다. 다른 경쟁 점포에 비해 품질이나 가격, 디자인 등이 뛰어난 상품이나 서비스를 최소한 한 가지 이상은 갖추거나 개발하여 점포의 간판이 되는 주력 상품으로 만들어야 한다.

개인이 자신을 마케팅하기 위해 이미지 제고 등 자기 관리 노력을 하듯, 점포도 어느 상품, 어떤 서비스 하면 딱 떠오르는 점포만의 브랜드나 이미지를 가져야 한다. 이는 점포 자신을 마케팅한다는 뜻으로 어느 점포 하면 떠오르는 무엇, 즉 간판 상품이나 서비스를 갖추고 만들기 위해 포지셔닝 Positioning 하라는 것이다. 포지셔닝은 상품이 고객들에 의해 인식되는 모습을 말하는 마케팅 용어다. 즉 고객들의 마음속에 자사 상품이 바람직한 위치를 형성하도록 이미지를 개발하고 커뮤니케이션해야 한다.

이와 같은 포지셔닝의 예로는 최상의 품질을 가진 상품 판매 점포라든지, 최고의 서비스제공 점포, 특정 상품이나 서비스를 독점적으로 제공하는 점포 등 간판처럼 그 점포를 대표하고 인정받는 차별화된 특기를 들 수 있다. 이처럼 그 점포만의 브랜드나 간판 상품이 있으면 자기 영역에서의 시장점유율이 높아지고 매출도 증가한다. 업종에 따라 조금씩 다르기는 하지만 대체로 다양한 종류의 상품을 파는 점포가 영업 초기에는 다소 성공적인 것처럼 보인다. 하지만 시간이 흐를수록 팔리지 않는 상품의 수가 늘어나고 이에 따라 재고도 누적되기 마련이다. 재고의 누적은 인력 낭비는 물론 결국 자금 회전에도 부정적인 영향을 준다.

음식점을 예로 들어보자. 여러 종류의 음식을 판매하는 업소와 소수의 메뉴를 전문적으로 취급하는 업소를 비교할 때 어느 쪽이 더 유리할까? 제한된 시설에서 한정된 인력으로 여러 음식을 조리하여 판매하다 보면 식자재 낭비는 물론, 고객이 조금만 몰려와도 음식 맛과 질이 떨어질 수밖에 없다. 메뉴가 많으면 주문도 제각각이므로 주방의 효율성이 떨어지기 때문이다. 그 결과는 고객 불만으로 이어져 고객이 줄어들고, 판매 수익도 적어진다. 따라서 소규모 점포일수록 표적 상품을 중심으로 소수의 주요 상품을 전문화해야 한다.

표적 target 상품은 점포의 얼굴이자 개성을 나타내는 점포의 대표 상품을 말한다. 이러한 간판 상품은 점포가 위치한 지역과의 연관성과 전문성이 있어야 한다. 예를 들어 표적 상품이 분식인 음식점이라면 학교 근처의 학생, 또는 백화점, 쇼핑몰, 재래시장 등의 대형 소매점, 사무실 밀집 지역, 패션가 등에 모여드는 여성을 공략하면 유리하다. 그리고 표적 상품이 해장국이라면 유흥업소 밀집 지역, 전철역이나 버스 터미널, 사무실이나 상가 밀집 지역 등에 모여드는 사람들을 공략해야 한다.

따라서 음식점의 메뉴 구성은 표적 상품인 간판 상품 한두 가지와 이를 보완하는 보조 상품 두세 가지, 그리고 미끼 상품 한 가지 정도로 제한하는 것이 바람직하다. 여기서 보조 상품이란 표적 상품을 보충하거나 표적 상품과 곁들여 조화를 이루기 좋은 음식을 말한다. 그리고 미끼 상품이란 단골집을 선호하는 고객들을 유인하기 위한 전략 상품으로, 고객이 파격적이라고 인정할 만큼의 저가 상품을 이른다.

소규모 점포일수록 메뉴의 전문화를 통한 간판 상품 개발이 중요하다. 이 경우 음식점이라면 조리 작업의 능률을 높이는 것은 물론이고 소수의 인원으로도 신속한 작업이 가능하기 때문에 음식의 맛과 질을 높일 수 있고 식자재 낭비도 줄일 수 있다.

점포에 적합한 간판 상품을 개발하라. 그리고 상품의 종류를 전문화하여 품질, 서비스, 맛 등에서 일관성을 유지함으로써 점포의 이미지와 개성을 높여라. 아울러 고객이 다시 찾을 때 '가장 먼저 생각나는 점포TOMA, top of mind awareness'가 되겠다는 비전과 목표를 강화하라.

25 | 이벤트를 자주 열어라

소점포 기업의 이벤트 마케팅

이벤트event란 원래 갑자기 발생하는 사건이나 사고 등 소위 '나쁜 일'을 뜻하나, 오늘날에는 '예정된 좋은 일'로 통용된다. 최근 들어 중요성이 점점 높아지는 이벤트 마케팅은 화제성이 있는 행사를 통해 상품을 직접 또는 간접적으로 선전하고, 나아가 기업의 PR이나 홍보 효과를 높이고자 하는 소비자 판촉 수단의 일종인바, 넓은 의미로는 광고의 한 형태로 인식된다. 고객 참여를 전제로 하는 현장 커뮤니케이션인 이벤트는 목표 고객들에게 메시지를 전달하고자 기획하는 행사들이다. 이는 화제성, 파급 효과 등에서 기존의 촉진 매체인 신문, 잡지, TV, 전화 등 4대 매체와는 구별되는 특징을 가지고 있다.

물론 정보 전달이나 판촉, 기업 이미지 홍보가 목적이라는 점에서 이벤트는 일반 광고 매체와 동일한 커뮤니케이션 수단으로 볼 수도 있다. 그러나 고객의 관심을 단시간 내에 끌 수 있는 점에서 이벤트는 기업 이미지를 높이고 이익을 고객에게 환원하는 최상의 수단이다. 아울러 성공적인 이벤트는 고정 고객에게 한층 큰 만족을 줄 수 있다.

이벤트 마케팅은 기업별로 실시 형태는 조금씩 다를 수 있지만 고객을 확보한다는 목표는 같다. 이러한 이벤트 마케팅의 성공 요소로는 우선 테마, 타이틀, 타이밍이 맞아야 하며 즐거움, 사행심, 충족감을 불러일으키는 연출 아이디어가 있어야 한다. 그리고 이벤트 테마와 상품의 연결고리가 확실해야 하고 광고 선전에 의외성을 부여해야 한다. 마지막으로 사전에 화제를 불러일으키는 것도 중요하다.

최근 들어 기업 홍보 및 고객 유치 수단으로 이벤트 전략을 통한 마케팅이 각광을 받고 있다. 소상공인들을 중심으로 한 소점포 기업들도 이러한 이벤트 마케팅의 효과에 주목해, 비용이 적게 들고 개별 점포의 성격에 맞는 각종 이벤트를 다양하게 실시하고 있다. 소점포는 특히 개점 초기에 점포 위치 및 판매 상품을 알리는 알림 광고를 실시해야 한다. 또한 신상품 입점 시 상품의 판매 촉진을 유발할 수 있게 비교 광고도 실시해야 하는데, 이때는 광고 실시의 타이밍이 중요한 포인트다.

대부분의 소점포는 지역적 제약성이나 대상 고객 범위 및 광고 예산의 한계 등을 고려하여 전단 광고나 직접 우편DM, 구매시점POP 광고, 또는 도우미를 활용한 이벤트 광고를 많이 실시한다. 이때 도우미 이벤트는 비용에 비해 효과가 적은 편이므로 개업 당일 정도에 활용하는 것이 바람직하고, 풍선 아치, 앰프 등으로 구성되는 이벤트 행사는 점포 바로 앞보다는 점포 진입로, 유동 인구가 많은 네거리 등을 선택하는 것이 효과적이다.

소점포 기업들은 우수 고객을 포함한 기존 고객의 만족도를 높이고 신규 고객을 유인하기 위해 각 점포의 상황에 맞춰 다양한 이벤트를 추진해야 한다. 일반적으로 소점포 기업들이 활용할 수 있는 넓은 의미의 이벤트 마케팅 종류로는 다음과 같은 것들이 있다.

- 전시회, 발표회, 시식회, 시음회, 창립 기념 이벤트, 신상품 출시 및 입점 기념 이벤트, 인수합병 기념 이벤트, 업무 제휴 기념 이벤트, 점포 이전 기념 이벤트, 상호 변경 관련 이벤트, 당기순이익 흑자 전환 기념 이벤트 및 기타 특정일 관련 이벤트
- 강습회, 교실 개설, 공장 견학 등 교육 이벤트
- 헌혈 운동, 자연 보전, 식목 캠페인, 교통안전 교실 등 사회 공공 행사
- 불우이웃 돕기 바자회, 체육 대회, 어린이 잔치, 가정의 달 기념 이벤트 등과 같은 지역 사회 활동 이벤트

오늘날 우리가 살고 있는 시대는 고객이 기업을 선택하는 시대 Buyer's Market라고 할 수 있다. 다양하고도 기발한 이벤트 마케팅 전략은 고객 만족을 높여 고객들에게 좋은 평가를 받고, 적극적인 판매 촉진과 성공 경영으로 이끄는 강력한 마케팅 수단임을 인식하고 이를 최대한 활용해야 한다.

늘 신선한 이벤트를 준비하라

소점포는 소수의 고객 이탈로도 큰 타격을 입는다. 즉 소점포의 주도권은 고객이 쥐고 있다. 그런데 고객은 싫증을 잘 내고, 상품이나 서비스에 조그만 허점이 보여도 금세 다른 점포로 눈길을 돌린다. 따라서 사업주는 고객에게 늘 신선한 즐거움을 제공하기 위해 신경을 써야 한다. '이벤트'는 고객이 싫증을 내지 않게 달래고, 점포를 다시 찾게 하는 가장 효과적인 수단이다.

소점포나 프랜차이즈 가맹점들이 오픈 이벤트를 하는 광경을 생각해보자. 도우미들이 눈길을 끄는 유니폼과 멘트로 고객을 유도하고, 갖가지 풍선으로 아치를 만들어 점포 문 앞을 장식한다. 최근에는 광대가 나오는 복고풍 이벤트도 많고, 잠재 고객을 상대로 무료 시식회를 여는 장면도 흔하다.

이러한 오픈 이벤트는 고객들에게 업소의 존재를 처음으로 알리는 창업 신고식이므로 매우 중요하다. 여러 전문가의 의견을 얻어서라도 신선한 아이디어를 내고 톡톡 튀는 이벤트를 보여주도록 각별히 신경을 써야 한다. 특히 개업 행사를 비롯한 각종 이벤트는 다른 점포와의 차별화를 꾀했을 때 효과가 크다. 고객은 다른 점포에서는 볼 수 없는 특별한 서비스를 받았을 때 신선한 감동을 느낀다. 예를 들어 식당을 방문했을 때 고객이 일반적으로 기대하는 것은 훌륭한 맛과 친절한 서비스인데, 여기에 즐거움이 동반된다면 그 점포는 남다른 경쟁력을 갖게 된다.

이벤트는 단골 고객의 이탈을 막고 신규 고객을 창출함으로써 매출 향상에 기여하는 중요한 마케팅 수단이다. 따라서 일회성에 그치기 보다는 정기적으로 그리고 장기적으로 실시하는 것이 좋다. 할 수만 있다면 매월 이벤트를 열어야 효과적이고, 사정이 여의치 않으면 계절별 이벤트라도 여는 것이 좋다. 일회성 이벤트일 때는 그 기간에만 방문 고객이 늘어나지만 정기적으로 이벤트를 실시하면 그 이벤트 자체가 점포 이미지로 각인되어 평상시에도 고객의 방문 동기를 자극하기 때문이다.

이러한 이벤트의 효과는 홍보가 뒷받침될 때 극대화된다. 아무리 내용이 좋더라도 고객들에게 알리지 못하면 소용이 없다. 전단지를 통한 홍보, 방문 고객을 통한 직접 홍보, 현수막 홍보 등을 최대한 활용해야 한다. 이벤트는 결코 불필요한 비용 지출이 아니라 훌륭한 마케팅 수단인 만큼 확실한 효과를 기대할 수 있으므로 과감한 투자를 하는 것이 좋다. 창업할 때부터 연간 이벤트 계획을 세우고 납품 업체나 협력 업체의 도움을 받는 것도 좋은 방법이다.

장기적인 차원에서 정기적으로 신선한 이벤트를 제공한다면 서비스나 상품 이외에 즐거움이라는 요소를 고객에게 줄 수 있는 경쟁력을 갖게 된다. 한 예로 음식점은 송년회나 신년회, 크리스마스 파티 같은 연회는 물론 가족 모임 등의 작은 연회에도 관심을 두어야 한다. 연회와 같은 이벤트 마케팅은 점포의 수익을 극대화할 수 있는 최고의 수단으로, 신규 고객을 확보할 수 있는 기회이자 매출 증대, 객단가 증대 등을 가능하게 한다. 따라서 이에 맞는 메뉴 개발과 함께 고객의 입장에서 이익이 되게 만들고, 편리한 예약 시스템을 만들어두는 것도 중요하다.

　고객의 생일, 기념일 등을 고려한 기념일 마케팅, 창립 기념일 등 특별한 날을 위한 행사 마케팅, 명절 마케팅 등 고객의 라이프스타일을 고려한 이벤트 마케팅은 비단 요식업에만 해당되지 않는다. 판매업에도 이러한 타깃 마케팅이 가능하며, 어떤 행사가 집중되는 시즌에 그 행사에 맞는 특별 이벤트 상품을 기획한다면 큰 효과를 볼 수 있다.

26 | 한 번 온 고객을 기억하라

한 번 찾아온 고객이라도 반갑게 인사하라

한 번이라도 점포에 들른 고객을 만난다면 언제 어디서든 무조건 반갑게 인사하자. 사람은 만나서 알게 되는 것이고, 인사하면서 친해질 수 있다. 필자는 주말이면 가끔 평소 출퇴근 때 이용하는 지하철이 아닌 다른 노선을 택해 또 다른 지하철역 서점에 들러 신간 서적을 살펴본다. 그 서점에는 거의 두어 주에 한 번쯤 들르는 셈이나 실제로 책을 사는 일은 많지 않다. 그런데도 나이가 지긋한 서점의 사장은 알아보고 반갑게 인사를 건넨다.

"시를 쓰신다고 하셨죠? 아니 수필이라 하셨지……."

그러면 "예, 조금씩 하고 있는데 잘 안되네요"라며 나도 다시 인사를 건네게 된다.

아파트 앞 골목길에 트럭을 세워두고 키조개를 팔던 상인이 먼저 인사를 건네기도 했는데, 몇 달 전에 트럭이 왔을 때 딱 한 번 키조개인지 전복인지를 샀을 뿐이었다. 한편 어쩌다 들르는 동네 슈퍼마켓 옆 골목에 서 있으면 슈퍼마켓 주인은 안면이 있는 사람들과 인사를 하고, 지나가는 어린이들에게도 꼭 한마디씩 인사를 건넨다.

목욕탕에서 마주쳐도 슈퍼마켓 주인은 반갑게 인사를 한다. 쑥스러워서 피하려는 사람도 있지만, 멋쩍은 장소에서 만난 사람일수록 한 번 말을 트면 더욱 친해지게 마련이다. 그가 워낙 어울리기를 좋아하는 성격이기도 하지만, 그런 성격이 아니더라도 점포를 운영하다 보니 단 한 번 온 고객이라도 기억하고 인사를 건네는 것을 노하우로 삼은 것이다.

한 번 온 고객이라도 반갑게 맞아주는 점포에 고객이 친밀감을 느끼는 것은 새삼스레 말할 것도 없다. 더욱이 이름까지 기억하고 불러준다면 더욱 그렇다. 특히 요즘과 같이 점포가 대형화되고, 경영의 합리화가 철저해지는 상황에서 이렇게 친근감을 느끼게 해주는 점포의 인기는 높아질 것이 당연하다. 딱딱하고 삭막한 분위기가 아닌 친근하고 따뜻한 인간미가 넘치는 점포를 찾는 소비자들이 많아지고 있기 때문이다.

고정 고객을 늘리려면 한 번 찾아온 고객이라도 먼저 기억하고 반갑게 맞아주어야 한다. 그러려면 우선 고객의 이름을 기억하려 노력해야 하는데, 처음 온 고객의 신상을 파악하는 일은 사실 쉽지 않다. 더구나 그런 고객의 이름까지 알아내는 일은 특별한 기술을 요한다. 그렇더라도 단 한 번이라도 점포를 찾은 고객이라면 완전한 밀착을 통해 단골 고객으로 만들겠다는 의지가 있는 한 그렇게 어렵지만은 않다. 고객의 명함을 받아두거나 아니면 솔직히 이름을 물어보는 것도 괜찮다. 부드러운 분위기만 조성하면 대부분의 고객은 자신에게 관심을 가져주는 것을 즐거워하며 이름이나 직장을 알려준다. 그러면 이를 고객 신상 카드에 기록하고, 사업주나 종업원은 그 고객의 이름을 외우는 것이다.

물론 기억력이 여간 뛰어나지 않고서야 처음부터 고객의 신상과 얼굴을 연결해 기억하기는 어려울 것이다. 그러나 그대로 포기해서는 안 된다. 고객의 특별한 특징을 찾아내 아무도 눈치 채지 못하게 기록하는 훈련을 하라. 이렇게 하면 관찰력과 기억력이 꾸준히 향상되는 효과는 물론이고, 고객이 늘어갈수록 자기만의 특별한 기억 노하우도 기를 수 있게 된다.

27 | 고객이 원하는 것을 먼저 보여주어라

고객 심리를 유혹하는 전략들

니콜라 게겐은 《소비자는 무엇으로 사는가?》에서 제품이나 서비스에 대한 소비자들의 태도는 일반적으로 다양한 정보에 노출되는 과정 또는 스스로 탐색하는 과정을 거쳐 형성되며, 이에 따라 행동으로 표현된다는 것이 기본 원칙이라고 설명한다. 이런 이유로 기업은 소비자들의 행동을 예측하기 위해 일반적으로 그들의 태도를 측정한다는 것이다.

그러나 이와 반대로 사람은 타인 혹은 자신의 행동을 통해 태도를 추측하기도 한다. 즉 사람들은 일반적으로 어떤 상황이나 사람들의 행동을 보고 마치 자신이 심리학자인 양 그 원인을 자기 나름대로 추론하려는 귀인歸因 성향이 있다는 것이다. 귀인 이론은 '사람들은 다른 사람들의 행동을 보고 그 원인을 추론하려 한다'는 '타인 지각'의 관점에서 출발한 것으로, 오늘날 광고의 내용이나 모델 등에 대한 소비자 신뢰도, 혹은 소비자들의 구매 후 불만족 등과 연관 지어 마케팅에서 널리 응용되고 있다.

귀인 이론은 '자기 지각 이론'에도 적용된다. '자기 지각 이론'은 다른 사람뿐 아니라 자신의 행동을 보고 이전에는 파악하지 못했던 자신의 태도를 이해하게 되는 것을 의미한다. 계절이 바뀔 때 옷장을 정리하면서 검정색 옷이 많다는 것을 문득 발견하고서 '아, 그동안 몰랐는데 나는 검정색 옷을 좋아하는구나!'라고 생각하게 되는 것도 자기 지각의 한 예가 될 수 있다. 이와 같은 이론을 적용하여 소비자들의 행동을 마케터, 즉 사업주나 종업원들이 원하는 방향으로 이끌어갈 수 있는데, 그중 대표적인 것이 '문전박대 당하기'와 '문 안에 한 발 들여놓기' 전략이다.

전자인 '문전박대 당하기'는 지나친 요구를 해서 상대방이 면전에서 문을 닫아버리게 하면, 이에 미안함을 느낀 상대방이 다음에 이보다 작은 요구는 수용한다는 원리다. 즉 고객이 자신의 거절하는 행동이 종업원에게 야박하게 비춰질 것을 우려하여 다음에는 거절이 아닌 구매 행동을 한다는 것이다.

후자인 '문 안에 한 발 들여놓기'는 전자와 반대로 처음에 작은 요구를 승낙한 사람이 자신의 행동에 대한 자기 지각 상태의 일관성을 유지하려 한다는 이론으로, 이른바 미끼 상품을 활용하는 전술도 다분히 이 전략을 이용한 것이다. 예컨대 한때 유행한 '햄버거 1,000원' 광고는 값싼 행사 제품으로 소비자들을 매장으로 끌어들인 후,

음료수나 감자튀김 같은 관련 제품을 구매하게 유도해 매출액을 늘렸다.

다음으로 '로볼 테크닉 Low-ball technique'이 있는데, 공을 낮게 던져 몸을 숙이게 만든다는 의미의 전략이다. 고객에게 낮은 가격을 제시해 고객이 구매를 결정하게 한 뒤 가격이 잘못되었음을 알리고 원래의 가격을 받거나, 저렴한 상품을 소개해 구매 의사를 유도한 다음 더 나은 상품을 내놓아 비교함으로써 비싼 상품을 선택하게 하는 경우 등이다. 이미 구매하겠다고 결정한 고객은 거절하기가 어렵다는 점을 이용한 것이다.

그런데 이러한 전략을 고객 유혹의 기술로 우선적으로 사용하는 것은 바람직하지 않다. 이는 광고나 대규모 마케팅에서 고객 심리 분석을 바탕으로 전략을 짤 때 이용하거나 소비 심리를 더 잘 파악하고 다양한 변수에 대처하기 위해 알아두어야 하는 것임을 명심하자. 고객 관계는 어디까지나 정성과 배려를 담은 진솔함으로 접근하는 것이 바람직하기 때문이다.

고객이 원하는 것을 먼저 보여주어라

사업주나 종업원은 언제나 고객을 맞을 준비와 마음가짐이 되어 있어야 한다. 상품의 구색을 갖추고 진열, 포장 자재의 정비, 매장 공간의 보전은 물론 각자 복장과 용모를 점검하고 언제든지 기능을 발휘할 수 있는 체제를 갖추어야 하는 것이다. 이는 접객 기술에서 고객을 대기하는 단계에 해당한다.

다음으로 고객 응대는 고객의 동기에 빠르게 호응하여 고객이 요구하는 상품을 제시하고, 고객에 맞는 정보를 제시함으로써 고객 중심의 응대가 이루어지게 하는 것이 관건이다. 고객 중심의 응대 시 특히 유의해야 할 사항은 다음과 같다.

- 고객이 어떤 특성을 가진 상품을 바라는가를 이해하고 그 패턴에 맞는 관련 상품을 갖추어 제시한다.
- 전문 용어를 남용하지 않으며, 사용하더라도 반드시 해설을 붙여 고객이 이해하기 쉽게 배려한다.
- 접객 중에는 다른 업무를 보지 말고, 아무리 친한 사이라도 무례한 태도를 보이지 않는다.

사업주나 종업원은 고객이 원하는 상품의 조건을 확인해 얼마간의 상품을 갖추고 상품 선택의 편의를 도모하는데, 이때 상품을 제시하는 자세가 중요하다. 상품 제시는 고객 중심으로 이루어져야 하며, 상품을 제시하는 행위 자체도 고객이 상품의 특성을 제대로 확인할 수 있게 하는 데 맞추어야 한다. 아울러 상품은 정 위치에서 고객에게 정중하고 매너 있게 제시해야 한다.

사업주나 종업원은 먼저 고객이 원하는 것을 보여주는 고객 본위의 자세를 보여야 한다. 고객이 원하는 상품이 없다면 "죄송합니다. 곧 준비해놓겠습니다", "(언제) 까지 구해놓겠습니다" 등으로 양해를 구해 고객이 다시 찾게 유도하고, 고객의 반응에 따라 다른 상품을 권유한다든지 해야 한다. 고객의 거절이 종업원에게 야박하게 비칠 것을 우려해 거절이 아닌 구매를 하게 한다거나, 처음에 작은 요구를 승낙한 사람이 자신의 행동에 일관성을 유지하게 강요하는 것은 바람직하지 않다. 또한 이른바 미끼 상품을 활용하는 전술이나 고객에게 저렴한 상품을 소개해 구매 의사를 유도한 다음, 그보다 나은 상품을 보여줘 비교함으로써 더 비싼 상품을 선택하게 하는 것도 값비싼 상품의 판매를 강요하는 인상을 주므로 지양해야 한다.

고객의 구매 행동에는 다양한 변수가 작용한다. 사업주와 종업원은 고객들을 점포 매장으로 끌어들이고, 이것이 신속한 구매 의사 결정과 구매 행동으로 이어질 수 있게 끊임없는 노력을 기울여야 한다.

28 | 불평 많은 고객일수록 진짜 고객이다

사업을 시작한 지 오래된 사업주들의 경험을 들어보면 대체로 '불평이 많거나 거절하는 고객이 진짜 고객'이라는 말을 많이 한다. 아울러 고객의 불평이나 거절을 판매나 거래의 '가능성'으로 받아들이고, 고객이 불평하는 때야말로 단골 고객으로 만들 좋은 기회로 적극 활용하라는 당부도 잊지 않는다.

불평이 많거나 불만을 제기하는 고객들은 상품의 결함이나 서비스 불만 또는 잘못된 시스템이나 종업원의 문제점 등을 환기하기도 하고, 종업원들이 점포의 방침을 제대로 이행하지 못할 때 이를 지적하기도 한다. 따라서 일부러 시간을 내 불만을 이야기하고 불평을 많이 하는 고객은 그 점포를 믿고 아끼는 충성스러운 고객이다.

사업을 하면서 다양한 고객을 접하다 보면 어디에선가 불만이 터져 나오게 마련이다. 특히 요식업에서는 고객의 불만이 다반사다. 이렇게 고객의 불만을 자주 접하다 보면 사업주나 종업원들은 이에 둔감해질 수도 있다. 그러나 고객이 불만을 토로하는 데 무책임하고 무관심한 자세로는 성공하기 힘들다. 이럴 때는 무엇보다 고객의 불만을 해소하는 방법을 찾아내고, 좀 더 나은 서비스를 제공해야만 고객 관계를 유지할 수 있다.

고객의 불만이 제기될 때 사업주는 '문제 해결'이라는 발상만 해서는 안 된다. 고객 불만을 해결하는 차원을 넘어 서비스 개선의 기회로 만들어야 한다. 이는 '병의 원인을 찾아내 재발하지 않게 근본적인 치료를 해주는 의사가 좋은 의사'라는 것과 같은 논리다.

고객들의 불평과 불만은 매우 중요하다. 이러한 지적들이 없다면 서비스의 문제점을 제대로 알 수 없다. 그렇게 되면 다른 고객들에게도 여전히 똑같은 실수를 되풀이하게 되고, 그것이 쌓이면 신뢰를 잃게 된다. 고객의 불평·불만은 사업주나 종업원 각자가 자신을 되돌아보는 좋은 기회가 된다. 따라서 사업주는 물론 종업원도 고객 불만이 서비스를 향상할 계기라는 적극적인 자세를 가져야 한다.

흔히 신규 고객 유치에는 현재의 고객을 유지하려는 노력보다 대여섯 배의 노력이 필요하다고 한다. 따라서 향후 지속적인 단골 관계를 유지하기 위해서라도 고객 불만은 각별히 신경을 써야 한다. 불평하는 고객에게는 진정으로 잘못을 인정하는 모습을 보여주어야 하며, 고객이 보상을 요구하기 전에 먼저 고객의 시간적, 금전적 손해 등에 따른 적절한 보상을 해야 한다. 항의하는 고객을 반겨라. 불평 많은 고객이 진짜 고객이다.

불평불만 고객을 단골 고객으로 바꾸는 비결

• 원인 규명을 철저히 하라

고객의 불만을 몸에 좋은 약으로 삼으려면 철저한 원인 규명이 필요하다. 사업주나 종업원은 고객이 실수로 음식을 쏟거나 그릇이 깨졌을 때도 달려가서 먼저 고객의 안전이나 옷가지부터 챙겨야 한다. 고객 제일주의란 진실한 마음으로 고객을 위해 최선을 다하는 것이다. 점포를 방문할 때마다 한결같이 정성스러운 고객 섬기기가 계속될 때 고객은 감동한다. 아무리 완벽한 상품이라도 고객을 100퍼센트 만족시킬 수는 없을 것이다. 고객은 품질이 조금이라도 마음에 들지 않으면 당연히 불만 섞인 말을 하고 싶어진다. 사업을 성공으로 이끌려면 이런 고객의 불만에 적절하게 대응할 수 있어야 한다. 이는 고객의 마음을 사로잡는 또 다른 비결이기도 하다.

• 명확한 이유를 설명한 뒤 받아들일 만한 대책을 제시하라

사업주나 종업원은 납기에 맞춰 납품을 하지 못했거나 고객과 약속을 지키지 못했을 때는 자신의 잘못에 대해 정중히 사과하고, 고객이 충분히 받아들일 만한 상세한 이유를 설명할 수 있어야 한다. 이럴 때 장황하게 이유만 늘어놓으면 고객은 자신을 정당화하려는 구차한 변명으로밖에 받아들이지 않는다. 간결하게 핵심만 명확히 해서 이유를 설명하고, 앞으로 어떻게 할 것인가를 확실히 제시해야 한다. 문제점을 신속히 시정하고, 시간이 걸린다면 고객을 위해 진지하게 계속 노력하고 있음을 느끼게 이해시켜야 한다.

• 고객 불만을 귀중한 정보로 받아들여라

고객이 항의 전화를 하거나 불만을 호소하면 사업주나 종업원은 일단 감정을 억누르고 진지한 자세로 고객의 이야기에 귀를 기울여야 한다. 고객의 불평이나 불만을 분석해보면, 대개는 사소하고 작은 불만이 조금씩 쌓이다가 견딜 수 없는 분노로 발전한 경우가 많다. 따라서 고객의 심정을 충분히 헤아려 불만을 '귀중한 한마디'로 받아들이는 것이 능숙한 대응 비결이라 할 수 있다.

또한 고객의 항의 전화나 불만은 사업주나 종업원 자신이 미처 깨닫지 못한 중요한 사실을 가르쳐주는 경우도 많다. 이는 상품의 품질과 서비스를 향상할 수 있는 귀중한 기회이자 결정적인 정보가 될 수도 있다. 따라서 고객의 항의와 불만을 직접 듣는 것을 상품의 결함을 찾아내는 절호의 기회로 삼고, 고객의 마음을 사로잡을 귀중한 기회이자 정보로 받아들여야 한다. 이럴 때 고객에게 문제점을 지적해줘서 감사하다는 말도 빠뜨리지 말자.

29 | 묻지마 식 고객 유치는 일회성이다

지난 봄, 지방의 어느 농업 법인단체가 주관한 교육 세미나에서 '소자본 창업과 마케팅 스킬'에 대해 특강을 할 기회가 있었다. 세미나를 시작하며 우선 기氣 체조 운동의 일환으로 모든 수강생에게 옆 사람과 손을 맞대고 힘껏 밀라고 했다. 어떻게 되었을까? 둘 중 한 명씩은 몸이 하나같이 뒤로 밀렸다.

남의 힘에 자신이 밀리는 걸 좋아할 사람은 없을 것이다. 점포에서 물건을 구입할 때도 마찬가지다. 구매에 도움을 준다면 기꺼이 받겠지만, 묻지마 식으로 구매를 강요하는 것을 좋아할 고객은 없다. 이처럼 강요하는 방식으로는 단지 반발만 부를 뿐이다.

어느 기업의 고객 유치 담당자는 다음과 같은 글을 보고 그동안의 유치 방식을 대대적으로 수정했다고 한다. '당신이 원하는 방향을 다른 사람들이 기꺼이 따르는 건, 그들 역시 그 방향을 원하기 때문

이다.'

고객 유치에서 중요한 것은 가망 고객이 원하는 욕구를 찾아내 이를 만족시키고, 관련된 문제를 찾아내 해결하고, 기회를 찾아내 활용하겠다는 마음가짐이다. 이러한 방식으로 가망 고객에 접근할 때, 사업주나 종업원 또는 세일즈 영업 담당자는 물론 가망 고객에 이르기까지 모두 큰 만족을 경험할 수 있다.

결국 가장 중요한 것은 무엇이 고객의 구매 사이클을 움직이는지 조사하고 찾아내는 것이다. 고객들은 무언가를 팔려고 애쓰는 사람은 싫어하지만 구매를 돕는 사람은 좋아한다는 사실을 잊지 말아야 한다. 묻지마 식 고객 유치는 일회성에 그칠 뿐이다.

가망 고객 유치를 위한 계획

점포 사업을 하든 세일즈 영업을 하든 새로운 고객을 발굴하고 기존 고객들에게 서비스를 하는 일은 공통된다. 이들은 모두 끊임없이 가망 고객 발굴을 위해 노력하고 설득하며, 고객이 구매 의사 결정을 할 때까지 포기하지 말아야 한다. 가망 고객을 찾는 일은 실질적으로 상품을 구매하려는 사람을 찾는 일이다. 가망 고객을 찾아야 판매도 이루어진다. 아울러 가망 고객을 새롭게 발굴하고 신규 계약을 체결하기 위해 기존 고객에게도 지속적인 서비스를 제공해야 한다.

가망 고객의 발굴과 유치는 다음과 같이 계획과 전략을 세워 항상 규칙적이고 체계적으로 이루어져야 한다. 세일즈도 과학인 만큼, 고객 발굴에서 계약에 이르기까지 모든 과정의 시나리오를 짜고, 체계적으로 진행해야 목표한 실적을 달성할 수 있다.

• 활동 계획 세우기

가망 고객 발굴을 지속적으로 실행하려면 미리 활동 계획을 세워야
한다. 이러한 사전 계획 없이 실시하면 판매 실적이 불규칙하고 기복
이 심해진다. 처음부터 합당한 계획을 세우고, 활동 일지나 고객 카드
등을 적절히 활용해 사전에 면담 약속을 잡고 일일 점검 등을 실시하
면 좋은 성과를 얻을 수 있다.

• 가망 고객 관련 정보 수집하기

가망 고객 유치를 통해 상품이나 서비스를 권유하려면, 사전에 가
망 고객에 대한 정보를 가능한 한 많이 수집해야 한다. 정보를 조사하
고 수집 분석해야 고객에게 상품 구입에 대한 필요성을 인식시킨 후
상담에 들어갈 수 있다. 가망 고객에 관한 정보는 많을수록 그들의 취
향과 욕구를 아는 데 유리하다. 그리고 이러한 과정을 통해 연령, 가
족관계, 직업 등의 인구 통계적 자료뿐만 아니라 수입이나 구입 상품
등에 이르기까지 관련된 정보를 최대한 알아내야 고객 접근이 용이
해진다.

고객 정보 수집은 점포 내 판매를 넘어 세일즈 영업에도 중요하고
소중한 기반인 만큼, 고객 관리 카드 등을 충실하게 작성해 활용해야
한다.

• 가망 고객 발굴의 성공률 높이기

가망 고객 발굴은 끊임없이 추진되어야 할 판매 과정의 첫 단계라 할 수 있다. 가망 고객 발굴은 가능성 있는 사람에게 무조건 찾아가 접근하는 것보다는 가망 고객 리스트를 미리 작성해, 기간별 목표를 기준으로 대상을 좁혀 접근하는 것이 성공률을 높이는 바람직한 방식이다.

• 가망 고객 발굴의 순발력 높이기

사람의 욕구는 유동적이며, 개인이나 가족 상황에도 항상 변화 요인이 있다. 따라서 사전에 준비를 아무리 철저히 했더라도 방심하지 말고 가망 고객의 현재 기분이나 상황 등 여러 변수를 재빨리 파악해 그에 맞는 전략으로 고객의 니즈를 확실히 자극해야 한다.

30 | 고객이 싫어하는 상품을 어울린다고 하지 말라

판매 관리와 고객 응대 테크닉을 이해하라

한 번 상품을 구입한 고객이 다시 구입하고, 계속해서 구입하면서 점포는 번창한다. 처음 온 고객만 대상으로 해서는 사업을 유지할 수 없고, 처음 온 고객이 다시 가고 싶은 점포로 만들지 않으면 고객을 끌어 모을 수 없다. 결국 단골 고정 고객 만들기는 판매 촉진 전략이 궁극적으로 추구하는 목표라 할 것이다.

단골 고정 고객 만들기의 기본은 고객이 기대하는 상품을 충분히 갖추고 있고, 고르기 쉬운 점포여야 한다는 것이다. 또한 상품을 적정하게 살 수 있는 친절한 조언과 편리함, 기분 좋은 쇼핑을 할 수 있는 인간적인 접촉이 있어야 하며 애프터서비스가 철저해야 한다. 이러한 체제를 갖춘 숙달되고 능숙한 판매 관리와 고객 응대의 기술을 정리하면 다음과 같다.

• 안심을 팔아라

소매점은 고객이 편안하게 상품을 선택할 수 있는 곳이다. 따라서 안심할 수 있는 상품과 서비스를 제공해야 한다. 또한 고객은 확실한 상품을 신용 있는 점포에서 신뢰할 수 있는 사업주나 판매 종업원의 권유에 따라 안심하고 쇼핑하기를 바란다. 판매한 상품이 고객의 기대에 어긋나면 그 점포에 대한 신뢰가 떨어지는 것은 당연하다. 따라서 고객이 기대하는 효용을 얻을 수 있는 상품을 선택할 수 있게 신경 써야 한다.

• 절약을 팔아라

오늘날 소매점은 풍요로운 생활 제공에 공헌하는 장소다. 따라서 소비자의 절약 경제에 도움을 주는 역할을 하지 않으면 소비자를 고정 고객으로 만들기 어렵다.

• 개성과 다양성을 팔아라

소매점은 소비자 고객의 절약을 유도하면서 개성화와 다양화의 욕구에도 부응해야 한다.

• 상품의 특성을 알려라

소비자와 메이커의 중개 역할을 하는 소매점은 고객이 원하는 상품의 특성을 정확히 알려 만족스러운 쇼핑을 할 수 있게 해야 한다.

• 결점을 충분하게 납득시켜라

완벽한 상품은 없다. 상품의 장점도 중요하지만 단점도 정확히 전달해야 고객이 만족스러운 선택을 할 수 있다. 고객의 필요를 정확하게 파악해, 구매 시점에서 알려야 하는 상품의 품질, 디자인, 기능 등의 결점을 충분히 전달함으로써 고객이 안심하고 선택할 수 있게 조언을 해야 한다.

• 상품의 효용을 팔아라

고객은 단순히 상품을 사는 것이 아니라, 자신이 추구하는 생활에 도움이 되는 상품 구입을 통해 상품의 효용을 사는 것이다.

• 판매원의 이름을 팔아라

잘 모르는 상품일 때 고객은 신뢰할 수 있는 판매 담당 종업원의 조언을 듣고 상품을 선택한다. 따라서 판매원은 이름을 정확히 밝히고 고객의 신뢰에 응하는 것이 고객 응대 판매원의 매너다.

이렇듯 사업주와 종업원은 판매 체계를 갖추고, 숙달되고 능숙한 판매 관리와 고객 응대 기술로 판매를 실시한다. 그러나 안심을 팔고, 개성과 다양성을 팔고, 결점을 정확히 알리고, 상품의 특성과 효용 등을 알리다 보면 여러 가지 생각지 못한 문제에 부딪치게 된다. 이럴 때 단순히 상품을 하나라도 더 팔기 위해 고객이 싫어하거나 적합하지 않은데도 상품이 어울린다고 조언하거나 판매를 강요해서는 안 된다. 그런 식으로 가망 고객을 현혹하거나 속인다면 머지않아 고객에게 외면받게 된다.

사업이란 원가 절감과 판매를 통한 수익 극대화가 기본 목표다. 장기적인 안목으로 고객을 위해 정성을 다하고 양심적으로 사업을 해야 오래 지속되는 경영을 할 수 있다. 있는 그대로 진실을 말하라. 그리고 돈과 양심을 선택해야 한다면 후자를 택하라.

31 | 상품 체험 기회를 무한대로 제공하라

체험 마케팅의 이해

《체험 마케팅 *Experiential Market*》의 저자 번트 슈미트 Bernd H. Schumitt 는 현대의 상품들은 단순히 기능과 편익의 결합이 아니라 소비자들에게 삶의 체험을 제공하는 도구이며, 긍정적인 또는 부정적인 체험을 강화하는 매개체라고 주장한다. 경영 컨설턴트 조지프 파인 2세 B. Joseph Pine Ⅱ 와 제임스 길모어 James H. Gilmore 도 《고객 체험의 경제학 *The Experience economy*》에서 지금까지 인류 경제는 농업 경제에서 산업 경제로, 다시 서비스 경제로 발달해왔으나, 이제는 체험 경제 시대로 패러다임이 전환되고 있음을 강조했다.

체험 경제 시대로 패러다임이 이동함에 따라 마케팅 전반에서도 고객 체험의 중요성이 강조되고 있다. 서비스 경제 시대에 서비스 제공업자들은 특정 고객들의 요구에 맞추기 위해 제품을 사용한다. 이에 비해 체험 경제에서 말하는 체험은 기업이 한 개인의 참여를 통해 의도적으로 서비스와 제품을 이용할 때 등장하는 것이다.

그렇다면 체험 마케팅이란 무엇을 말하는가? 한마디로 이는 고객들이 기업과 상품을 직접 느끼고 이해하고, 생각하고 행동함으로써 관계를 형성하게 만드는 마케팅이라 할 수 있다. 서울대학교의 이유재 교수는 《서울 비즈니스 레터》(2006년 12월)에서 체험 마케팅을 크게 다음과 같은 네 가지 유형으로 나누어 그 특성과 사례를 설명했다.

첫째 유형은 사전 체험이다. 이는 제품이나 서비스의 구매를 유도하기 위해 구매 전에 해당 제품이나 서비스를 미리 체험하게 하는 것이다. 이러한 사전 체험도 이제는 고객의 가치를 지향하는 방향으로 변모하고 있다. 홈쇼핑에서 황토 팩 사업으로 성공한 '황토 솔림욕'은 황토 팩 정품을 구입할 경우, 고객들이 미리 써볼 수 있게 사전 체험용 황토 팩 테스터를 함께 준다. 테스터를 미리 사용한 후 만족한 고객은 정품을 계속해서 사용하면 되고, 불만족한 고객은 그대로 반품을 하는 것이다. 이는 홈쇼핑이라는 매체와 팩이라는 제품 특성상 미리 눈으로 보고 구매하지 못하는 약점을 테스터 체험으로 극복한 경우다.

둘째 유형은 체험단이다. 이는 기업의 문화를 직접 체험하게 하거나 신제품을 미리 사용해보는 경우로 최종 제품 출시 전에 개선 사항이나 아이디어를 제안하는 평가단의 형태가 대표적이다. 메르세데스-벤츠 코리아는 SUV 차량인 뉴 엠-클래스M-Class 출시를 앞두고

800여 명의 체험단을 모집해 시승 체험을 제공했다. 화장품 회사의 경우 신제품 출시 전에 고객 체험단을 모집해 개선 사항이나 아이디어 제안 등 프로슈머의 형태로 체험을 활용한다.

셋째 유형은 물리적 체험 공간을 제공하는 형태다. 이는 소비자에게 직접 제품을 체험하게 함으로써 가장 직접적으로 구매 동기를 자극하는 형태로, 주로 정보통신 기업이나 화장품 회사를 중심으로 활용된다. SK텔레콤의 TTL폰이나 LG텔레콤의 폰엔펀, KTF가 운영하는 굿타임숍 등은 고객 구분 없이 자유롭게 이동전화와 관련된 체험을 제공하는 사례다.

넷째 유형은 총체적인 체험Total Experience을 제공하는 형태다. 이는 제품과 서비스 자체에 체험을 결합한 형태일 수도 있으며, 체험 자체가 상품이 되는 궁극적인 의미의 체험을 제공할 수도 있다. '베니하나'는 일본식 식사 경험이 없는 사람들에게 고객별로 음식을 준비하여 히바치(화로) 테이블에서 주문한 음식을 직접 조리함으로써 음식에 대한 불안감을 완화시키고, 요리사가 묘기를 보여줌으로써 최고의 디너쇼라는 경험을 제공한다. 또한 독일의 호텔인 프로펠러 아일랜드 시티 로지Propeller Island City Lodge도 감옥을 그대로 옮겨놓은 방 등 30여 개의 테마 룸을 꾸며 이색 체험을 제공한다.

이 밖에 사찰 생활의 체험 기회를 제공하는 여행 상품인 '템플 스테이', 외국인을 대상으로 김치 담그기를 체험하는 '김치 체험', 하루 동안 제빵사가 되는 '케이크 만들기 체험' 등도 고객에게 잊지 못할 체험을 제공하는 또 다른 사례다.

체험 마케팅은 고객과 기업이 서로 끈끈하고 밀접한 거래 관계를 맺는 데 매우 중요한 역할을 한다. 이러한 역할을 통해 기업은 고객이 제품이나 서비스를 구매하고 소비하면서 느끼고 향유할 수 있는 다양한 기회를 강화함으로써 기업의 가치를 높일 수 있는 것이다.

체험 마케팅이 효과를 충분히 얻으려면 고객들에게 체험이 단지 제품이나 서비스에 부가된 오락적 첨가물이 아닌 독창적이면서도 인상적인 의미를 느끼는 시간이 되게 해야 한다. 백화점의 시식 코너나 견본품을 제공하는 화장품 대리점, 이색적인 경험을 제공하는 레스토랑 등에 이르기까지 크고 작은 기업들은 오늘도 고객에게 제품과 서비스를 전달하면서 핵심 상품의 기능을 능가하는 만족스럽고 기억에 남을 개인별 맞춤 경험을 제공하고자 끊임없이 연구하고 있다.

체험을 통해 고객이 감동하고, 새로운 부가가치로 작용하여 상품 자체의 가치를 높이게 될 때 기업의 가치도 지속적으로 상승한다. 고객에게 상품 체험의 기회를 제공하는 것은 상품과 서비스에 대한 자신감의 표현이며 고객의 신뢰를 높이는 지름길이다.

32 | 언론 매체 홍보보다
상품의 질로 승부하라

소점포 마케팅의 세 가지 기본 요소

소점포 경영에도 마케팅은 필수적이다. 여기서 소점포 마케팅이란 한마디로 하나라도 더 팔고 하나라도 더 알림으로써 점포의 매출을 극대화하고 수익을 얻기 위한 모든 활동을 말한다. 이러한 마케팅의 기본 요소로는 흔히 가격, 서비스, 판매 촉진의 세 가지를 드는데, 이를 요약하면 다음과 같다.

• 품질 좋은 상품 구비와 더불어 가격 전략이 중요하다. 특히 점포의 경쟁 상태와 판매 상품의 종류 등이 중요한 결정 요인이다. 고객들은 특정 상품의 품질이나 특성, 혹은 매력에 끌리면 그 상품만 사려 하므로 판매 장소의 편리성이나 이미지가 중요하며, 점포 전략도 상

품의 정보 제공 및 구매 유도에 중점을 두어야 한다.

　• 고객 서비스는 마케팅의 어느 요소 못지않게 중요하다. 우수한 고객 응대 서비스는 깨끗한 점포 이미지와 인테리어, 편리한 진열 등과 더불어 고객의 최종 구매 결정에 중요한 영향을 미친다. 우수한 품질의 상품을 판매하는 점포에서도 종업원의 작은 실수 등으로 판매 기회를 상실하거나 우수 고객을 잃는 일이 드물지 않다.

　• 판매 촉진이란 점포와 상품 정보를 여러 형태로 알리고 홍보함으로써 고객을 창출하고 판매를 촉진하는 활동이다. 소점포 경영에서도 옥외 광고나 전단지 등을 활용하거나 가격 할인, 경품 제공 등을 많이 활용해야 한다.

　소점포 사업자는 개점 초기에는 점포 위치 및 판매 상품을 알리는 알림 광고를 실시하고, 신상품 입점 시에는 판매 촉진을 유발할 수 있게 언론 등을 비롯한 다양한 광고 활동도 실시해야 한다. 이때 중요한 것은 광고 실시의 타이밍이다. 신문에 끼워 넣거나 거리에서 직접 배포하는 전단 광고는 비교적 저렴하고 손쉽게 활용할 수 있으나 효과는 그리 크지 않다. 최근에는 호별 방문을 통해 우편함에 전단을 넣거나 문고리에 거는 방법이 자주 활용되는데, 전자에 비해 효과가 큰 편이다.

품질은 고객의 기대에 부응하는 것

　세계 최대의 외식 기업인 맥도날드의 창업자 레이 크록Ray Kroc 회장

은 Q.S.C 정신을 모토로 맥도날드 프랜차이즈를 전개했다. 그는 맥
도날드 햄버거를 어느 점포보다 맛있고 청결하게 그리고 양질의 서
비스로 고객에게 제공하는 데 평생을 바쳤다. 그 후 Q.S.C 정신은
맥도날드뿐 아니라 전 세계 푸드 서비스 업계의 기본 이념으로 자리
잡았다.

Q.S.C에서 말하는 Q는 품질Quality을, S는 서비스Service를, C는 청결함
Cleanliness을 뜻한다. 즉 Q는 제공되는 상품의 품질을 통해 고객의 기대
에 부응하려는 것이고, S는 점포가 제공하는 서비스로 즐거움과 쾌적
함을 총제석으로 나타낸다. 이런 서비스는 진근하고 상냥한 미소와
정중한 인사 등의 매너, 신속함이 기본 조건이다. 마지막으로 청결함
을 뜻하는 C는 철저한 위생과 청소, 보수 등의 작업에 의해 언제나 산
뜻함을 유지하는 것을 의미한다. 이를 종합해보면 넓은 의미의 품질
이란 상품의 질이나 음식의 맛, 영양뿐만 아니라 서비스와 청결함이
포함된 점포의 가치를 말하는 것이라 할 수 있다. 이러한 의미에서 품
질은 점포의 브랜드 이미지를 형성하는 데 무엇보다 중요한 역할을
한다.

자금력이 약하고 포괄하는 지역 범위도 좁은 소점포는 이러한 품질
향상이 특히 중요하다. 판촉 활동을 하려 해도 비용이 많이 드는 신문
이나 TV 등의 매체를 활용한 광고나 홍보 활동은 펼치기 어렵기 때
문이다. 이럴 때는 매체 홍보보다는 가장 기본적이고 큰 힘을 발휘하
는 품질로 승부하는 것이 바람직하다.

사업주가 기대하는 점포 경영의 최종 목표는 고객 감동을 실현하고
매출을 증진하는 데 있는 만큼, 취급하는 상품과 서비스에 대한 불만

요소나 문제점은 없는지 전 종업원의 문제의식 강화를 통해 고객에게 양질의 상품과 서비스를 제공하기 위해 노력해야 한다. 이와 더불어 ①상품의 성능, 디자인, 사용 편의성, 점포 분위기 등의 상품 품질, ②고객 접점 응대, 정보 제공 등 부가서비스와 이벤트 행사, 신속성과 배려 등의 서비스 품질, ③종업원의 신뢰도, 지역사회에 공헌하는 점포 인지도 등의 점포 이미지 품질의 3Q를 획기적으로 개선함으로써 생동감 있고 신바람 나는 점포 분위기를 연출해야 한다.

33 | 우수 고객을 선별하고 차별화로 대우하라

차별화의 참뜻

소점포 사업은 급변하는 경기 동향과 주변 상권의 변화에 따라 기회와 위협을 동시에 받고 있다. 신규 업체들의 진입이 지속적으로 증가하고 있고, 업체 간 경쟁도 심화되고 있다. 이러한 여건 속에서 차별화 전략과 대형화 전략은 거의 모든 사업주의 관심사지만, 무조건적인 차별화나 대형화 전략이 이러한 경영 여건에 대한 해결책을 제시하는 것은 아니다.

대형화 전략이 충분한 자본과 사업 경험을 가진 사업주가 누릴 수 있는 일종의 권리라면, 대다수의 소점포 경영자는 대형화가 아닌 차별화 전략에 집중할 수밖에 없는 것이 현실이다. 물론 일부의 탁월한 경영 능력을 가진 사업주들은 가격이나 품질, 상품 또는 서비스, 시설 등 차별화 가능성이 있는 최상의 조건들을 갖추고 훌륭히 사업을 수행해나가기도 할 것이다. 그러나 모든 소점포 사업주가 이러한 차별화 가능성이 있는 다양한 요소를 동시에 경쟁 우위의 조건으로 갖추기는 힘들다.

따라서 여기서는 소점포 경영자들이 활용할 수 있는 현실적인 차별화 전략을 제시하려 한다. 이는 곧 사업주인 경영자가 자신의 강점과 약점을 파악하고 경쟁 업체를 분석해, 대상 고객의 동향을 파악함으로써 실현 가능한 차별화 방안을 구체적으로 제시하는 것을 말한다. 아울러 해당 점포의 고유한 강점을 경쟁력으로 삼아 이를 부각함으로써 지속적이고 안정적인 경영을 이루어나가야 한다.

지금보다 높은 실적을 원하거나 남보다 빨리 성공하고 싶다면 경쟁이 적고 높은 실적을 올릴 수 있는 틈새시장에서 가망 고객층을 찾고, 적절한 시간과 장소 등 여건을 고려해서 접근하고 차별화된 감동 마케팅을 펼쳐야 한다. 자신만의 지식이나 노하우로 접근할 수 있는 고객 시장을 찾아 집중하는 것이 바로 차별화된 경쟁력이다. 물론 경쟁자가 도저히 따라올 수 없는 성실성으로 차별화를 꾀하는 것도 하나의 방법이다. 모두가 쉽게 접근할 수 있는 시장에서 남과 똑같은 방법으로는 차별화를 기대할 수 없다. 남다른 각오와 노력으로 자신만의 틈새시장을 찾고, 적절한 차별화로 승부를 걸어라.

우수 고객을 선별하고 차별화로 대우하라

창업 초기에는 어느 정도 고객이 몰리다가 얼마 못 가 문을 닫는 점포를 많이 보았을 것이다. 여러 차례 지역 상권을 조사하면서 얻은 경험으로 볼 때, 고객들은 새로 생긴 점포나 매장에는 한 번쯤 방문하기 마련이지만 다른 점포와 별 차이가 없거나 특색이 없다면 곧 싫증을 낸다. 따라서 이처럼 싫증을 잘 내는 고객들을 붙잡아두기 위한 여러 가지 방안을 강구해내지 못하면 사업은 현상 유지도 힘들다.

사업은 비행기가 하늘을 나는 원리와 비슷하다. 비행기가 뜨려면 처음에는 엄청난 추진력과 연료가 있어야 하지만, 이륙 후 일단 안전 궤도에 진입하면 순항을 한다. 사업도 시작 단계가 중요하다. 창업 초기에 고객의 관심을 끌고, 순항을 지속할 때까지 고객들의 관심을 유지하는 데 주안점을 둬야 한다.

지속적인 성공은 차별화에서 나온다. 점포의 차별화는 두 가지 측면에서 찾을 수 있다. 하나는 하드웨어적인 측면이고 다른 하나는 소프트웨어적인 측면이다. 예를 들어 음식점 창업에서 톡톡 튀는 인테리어로 고객의 눈길은 끄는 것은 하드웨어적인 차별화며, 음식의 메뉴나 맛을 독특하게 해 고객을 붙잡는 것은 소프트웨어적인 차별화 전략이다. 이 두 측면은 모두 중요하지만 자금 능력이 부족하거나 다른 사정이 있다면 둘 중 하나를 선택해야 한다. 장기적인 관점에서 하드웨어적인 차별화 시도는 소프트웨어적인 측면이 따라주지 않으면 오래 지속되기 힘들다. 그럼에도 의의로 많은 창업자가 소프트웨어보다 하드웨어적 측면에서 차별화의 공식을 찾아내려 한다.

소프트웨어적 차별화로는 우선 고객에 대한 정성이 있다. 모든 고객은 중요하지만, 모든 고객을 단골로 만들 수는 없다. 또한 모든 고객이 우수 고객도 아니다. 단골로 찾아주는 우수 고객을 선별하고 고객 카드를 만들어라. 그리고 마일리지 등 각종 포인트 제도를 실시해 그들에게 특별하고 차별화된 서비스를 제공하라.

어린이날, 어버이날, 크리스마스 등의 특별한 날이나 창립일 등의 각종 기념일에는 점포 나름의 특별한 이벤트를 마련하거나 선물이나 사은품을 챙겨라. 이는 결코 공짜로 주는 것이 아니다. 점포를 찾아주고 이용해주는 우수 고객에 대한 감사의 표시이자 일종의 장기 투자이며 차별화 전략인 것이다.

소프트웨어적인 측면에서 사람 즉 종업원이 차지하는 비중은 상당히 크다. 다른 점포와 차별화를 꾀하려면 일단 종업원들의 서비스 수준을 통일하고 수시로 종업원을 교육해야 한다. 고객에게 깨끗하다는 인상을 줄 수 있게 종업원들에게 청결하고 세련된 유니폼을 입히는 것도 중요하다.

34 | 고객의 주머니는 한 번에 열리지 않는다

주머니 속 지갑의 주인은 고객이다

점포의 이익은 고객에게 돈을 받는 순간 발생한다. 점포의 모든 활동 중에서 이익이 발생하는 경우는 사업주나 종업원이 점포에서 상품을 판매하거나 서비스를 제공해 고객에게 돈을 받을 때다. 고객은 마음에 드는 점포에서 물건을 사고, 좋아하는 기업에 상품을 주문한다. 이것은 너무도 당연한 논리다. 즉 고객의 마음에 들지 않으면 돈이 들어올 기회조차 없다.

어떤 상품을 사느냐 사지 않느냐의 결정권, 그리고 어느 점포에서 상품을 살지에 대한 선택권은 모두 고객에게 있다. 주머니를 열고 지갑을 꺼내는 지갑의 주인은 바로 고객이기 때문이다. 흔히 '고객은 왕'이라 한다. 일본에서는 '고객은 신神'이라고까지 한다. 모든 경영은 신인 고객에서 시작되고, 모든 이익은 신의 지갑에서 생겨난다. 따라서 고객에게 관심을 보이는 일이야말로 사업주와 종업원에게 가장 중요한 일인 것이다.

실적이 좋지 않은 사업주와 종업원일수록 '고객이라는 신'을 향한 정성과 믿음이 부족하고, 믿음이 부족하면 곧바로 응징을 받는다. 게다가 그 응징은 한 명의 고객이 상품을 사지 않는 데서 끝나지 않고, 수많은 다른 신들에게도 그 사실이 전해져 집단적인 응징을 받게 된다. 그런데 진짜 무서운 응징은 사업주나 종업원이 이 사실을 깨닫지조차 못할 때 벌어진다.

모든 사업주는 돈을 벌고 싶어 한다. 고객의 돈을 원하는 것이다. 수많은 경쟁 점포 역시 똑같이 고객이 주머니를 열고 지갑을 꺼내기를 기다린다. 그렇기에 아무리 노력해도 경쟁 점포가 더 많이 노력하면 결국 고객의 돈은 노력을 더 많이 한 쪽으로 가게 된다. 때로는 비싼 광고, 파격 할인, 쿠폰, 무료 경품 등 고객들의 구매를 유도하기 위한 온갖 수단을 동원했는데도 주머니를 열어야 할 고객이 조금도 움직이지 않을 때가 있다. 왜 그럴까?

가망 고객들은 향후 거래할 기업이나 점포가 자신들을 융숭히 대접하고 지속적으로 다가와주기를 바란다. 그것이 자신들을 고객으로 받아들여 소중히 대우하는 것이라 생각하기 때문이다. '받아들임'은 살아가면서 경험하는 중요한 동기 부여 요소의 하나다. 하지만 고객 서비스에서는 이것만으로 부족하다. 고객을 받아들이고 소중히 여긴다는 메시지를 전달하려면 남들과는 무언가 다르고 차별화된, 창의적인 방법을 사용해야 한다.

과연 어떻게 해야 고객이 주머니에서 지갑을 꺼내고 열게 할 수 있을까? 다시 말해 고객의 마음을 여는 비결은 무엇인가?

• 고객의 입장에서 편리하고 기뻐할 만한 일을 하라

사업주는 때때로 점포 밖에 있는 고객의 입장에서 점포를 객관적으로 보고, 고객에게 편리한 일과 기쁜 일이 구체적으로 어떤 것인지 충분히 생각해야 한다. 이때는 우선 고객 입장에서 봤을 때 기뻐할 만한 일 그리고 즉시 실행할 수 있고 돈도 별로 들지 않는 일을 골라, 이를 어떤 방법으로 누가 언제부터 실행할지 계획을 세운다.

• 가망 고객이 있을 만한 길목을 찾아라

신규 고객을 발굴하는 개척 영업에서 가장 우선시해야 할 일은 목표대상 고객을 정하고, 가망 고객이 있을 만한 틈새시장을 찾아내 집중 공략하는 일이다. 아무리 전략과 전술이 뛰어나도 시장을 잘못 선택하면 실패할 수밖에 없다.

• 자신만의 강점을 찾아 유리한 곳을 먼저 선점하라

성공이 보장되는 지역이 정해진 것은 아니지만 그래도 각자에게 효과적인 지역은 있다. 자신의 강점을 십분 발휘할 수 있는 지역을 선정하고 고객의 성향과 특성에 맞는 접근 전략을 세운다. 그리고 고객이 마음을 열고 지갑을 여는 결과가 있을 때까지 끈기 있게 고객에게 접근한다.

• 신선한 충격을 주어라

가망 고객을 실제 고객으로 만들려면 일상적인 거래 관계에서 잠시 벗어나 신선한 충격을 줄 필요도 있다. 가망 고객과 기존 고객 모두의 관심과 참여를 유도할 수 있는 재미있고 독특한 아이디어를 구상하라. 좋은 아이디어가 있다면 따로 팀을 구성해 특별한 이벤트도 개최하라.

• 각종 이벤트를 최대한 활용하라

고객이나 가족의 생일, 기념일을 세일즈 기회로 활용하는 마케팅이나 어버이날, 화이트데이, 크리스마스 등의 특별한 날을 기회로 펼치는 마케팅, 고객에게 고마움을 전하는 감사 마케팅, 주요 명절을 전후로 한 명절 마케팅을 적극 활용하라. 그리고 점포 창립 기념일 등 각자에게 의미 있는 날을 기회로 삼는 기념일 마케팅 등을 활용해 각종 이벤트를 실시하고 선물을 제공하며 분위기를 띄우는 것도 큰 의미가 있다.

• 투자를 아끼지 말고, 반드시 세일즈 기회로 연결하라

투자와 아이디어 없는 사업은 없다. 중요한 것은 어떻게 투자를 해서 세일즈 기회를 얻을 연결 장치를 마련하느냐다. 가망 고객을 확보하기 위한 비용 지출은 투자 개념이므로, 기회가 있을 때마다 또는 매출이 저조한 시기마다 고객 발굴을 위한 적절한 방법을 활용해 매출을 극대화하려는 노력을 기울여야 한다.

• 효과적인 커뮤니케이션이 가장 중요하면서도 어려운 과제다

신규 고객 유치 활동은 말로 하는 커뮤니케이션뿐만 아니라 시각적인 커뮤니케이션도 상당히 효과적이다. 듣는 사람에 따라 메시지 내용도 달라질 수 있으므로 정확한 커뮤니케이션을 위해서는 내용을 글로 남겨야 한다. 또한 구두 주문의 오류를 막기 위해 이메일이나 음성 메일, 주문서 등을 활용하는 보완 시스템도 갖출 필요가 있다.

고객에게 맞는 상품을 재빨리 파악하고 설명하라

고객이 점포에 들어오면 접객 기술을 동원해 고객을 정중하게 맞이해야 한다. 이는 고객 접근 단계로 그 비결은 고객이 구입하고 싶어 하는 상품의 특성, 즉 고객의 취미나 가치관 등을 재빨리 알아내는 데 있다. 고객에게 맞는 상품을 재빨리 파악하려면 많은 경험과 능숙한 커뮤니케이션 기술이 필요한데, 이때 전제는 성의와 친밀감 있는 매너라고 할 수 있다. 친절한 응대는 고객의 마음을 열게 하는 접객 요소이므로 고객을 말이 아닌 태도로 이해하려 노력하는 것이 중요하다.

다음으로 상품을 제시하는 단계에서 중요한 것은 고객의 욕구를 확인하고 상품 선택의 편의를 도모하는 기능적인 문제가 아니라, 고객에 적합한 상품을 빨리 파악하고 이를 설명하며 제시하는 자세와 매너다. 이 단계에서는 고객 본위의 입장에서 상품을 제시해 설명하고, 이를 통해 상품의 특성을 똑바로 파악할 수 있게 하는 것이 가장 중요하다.

이를 위해서는 고객이 기대하는 상품이 충분히 갖춰져 있고, 고르기 쉬운 점포여야 한다. 소매점은 고객이 원하는 상품의 특성과 효용을 정확히 설명해 만족스러운 쇼핑을 할 수 있게 하고, 고객이 구매 시점에서 알아야 할 상품의 품질이나 디자인, 기능 등의 장단점을 충분히 인식해 안심하고 선택할 수 있게 충실한 조언자가 되어야 한다.

상품에 대해 학습하고 종업원을 교육하라

사업주나 종업원은 상품을 판매하기 전에 고객의 욕구부터 파악해야 한다. 사실 점포에서 제공하는 상품이나 서비스는 경쟁 업체와 비교할 때 특별히 다를 것은 없다. 따라서 가망 고객의 욕구를 충족하기 위해 특별한 노력을 기울여야 고객들은 비로소 남달리 애쓰는 사업주나 종업원을 발견할 수 있다. 욕구를 찾아내고 충족하는 일은 사업주와 종업원을 차별화하는 소중한 경쟁력이다.

이를 위해 사업주나 종업원은 당연히 취급 상품에 정통해야 한다. 고객에게 서비스나 상품을 제공해 돈을 받으려면 사업주 자신부터 그 서비스나 상품의 내용을 소상하게 알고 있어야 한다. 상품을 제시, 설명하는 단계에서 거절의 80퍼센트는 상품 지식 부족에서 기인한다. 상품에 대한 지식이 충분하면 상품 설명 단계에서 거절이 훨씬 줄어들고 이것이 판매 과정에 자신감을 더해준다. 이러한 자신감은 고객에게도 전해져 구매 결정에 대한 확신으로 이어지기 때문에 판매 성공 확률도 높아진다. 또한 고객의 문의에 침착하고 당당하게 충분한 설명을 제공하는 것은 고객의 신뢰를 얻어내는 지름길이다.

고객에게 맞는 상품을 재빨리 파악하고 설명함으로써, 가망 고객을 단골 고정 고객으로 만들기 위해, 판매를 담당하는 사업주나 종업원들은 상품에 대해 숙지하고 연구하며 훈련을 받아야 한다. 고객은 지갑을 열려고 하는데 사업주나 종업원이 준비가 되어 있지 않아서야 곤란하다. 자신이 판매하는 상품과 서비스에 대한 철저한 연구와 숙지는 프로가 되는 지름길임을 인식하고, 학습하라. 그리고 고객의 감성 욕구를 충족하기 위한 계획을 세워 모든 종업원을 교육하라.

3

단계

고객이라고
다 같은
고객은 아니다

35 | 쑥스러워하는 고객과 적극적인 고객을 잘 파악하라

고객 유형 파악의 의미

고객의 욕구는 소득, 생활수준, 취미, 지식, 교양 그리고 직장이나 고객 자신의 성격 등에 따라 각각 다르다. 최근에는 소득 상승과 여가 시간 증가 등으로 생활 구조나 양식이 변하면서 욕구 형태와 상품 구매, 소비 패턴도 달라지고 있다. 대체로 인간은 기본 성격이 유형별로 다르므로 상품을 구입하는 고객의 구매 형태도 그에 따라 다르게 나타난다. 따라서 사업주는 점포의 수익과 발전을 보장하는 믿을 만한 고객을 선별해 그 특성을 파악해야 한다.

미래의 최고 고객이 될 수 있는 고객들을 선별하는 고객 유형 분류법에는 여러 가지가 있을 수 있다. 연령이나 성별, 지리 등 인구 통계적 기준이나, 상품 구매 목적에 따라 고객을 분류할 수도 있다. 또한 심리학적인 분류도 가능하다.

영국 카디프Cardiff 경영대학원의 나이절 피어시Nigel Piercy 교수는 고객 유형을 고객의 충성도를 중심으로 다음과 같은 유형으로 나눈다.

- 관계 추구형 : 공급업체들과 긴밀하고 장기적인 관계 구축을 원하는 유형이다.
- 충성스러운 바이어형 : 장기적으로 충성도를 보이나 공급업체들과 긴밀한 관계를 갖기는 꺼린다.
- 관계 이용형 : 모든 공짜 서비스나 선물은 받으나, 자신의 감정에 따라 언제든지 공급업체를 바꾼다.
- 단기 거래 바이어형 : 공급업체들과의 긴밀한 관계를 회피하고 기술 조건이나 가격, 혁신 조항에 따라 공급업체를 쉽게 옮긴다.

또한 토니 크램은 고객들을 동기에 따라 다음과 같이 협상에 최고 의미를 두는 고객, 새로움을 추구하는 고객, 적극적 참여를 원하는 고객, 확실성을 추구하는 고객 등 네 가지 유형으로 나누고, 각각의 고객 유형에 대한 접근 방법과 대응 전략을 상세히 설명한다.

첫째 유형은 협상에 최고 의미를 두는 고객들이다. 이러한 고객은 전적으로 가격 협상에 매달리는 유형으로, 물건을 최저가로 구입했을 때 최고의 만족감을 느낀다. 따라서 이러한 고객은 오랫동안 거래할 것이라 기대하지 말고 가격이라는 수단을 이용해 고객 관리에서 제외시키는 것이 효율적이다.

둘째 유형은 늘 새로운 것을 추구하는 사람들로, 고객 전체에서 볼 때 비중은 매우 낮다. 이들은 상품의 안전성보다는 다양성과 새로움에 끌리며 모험을 즐기므로 장기적인 고객 관리 차원에서 기업에 적절한 유형은 아니다.

셋째 유형은 적극적 참여를 원하는 고객들이다. 이들은 자신이 어떤 곳에 소속되어 참여한다는 느낌을 소중하게 생각하며, 자신들이 영향력 있는 사람들이라고 인정받을 때의 감정을 중요시한다. 이들은 고객 전체에서 차지하는 비중이 크기 때문에 이들에게 기업 정보를 먼저 제공한다는 느낌을 주는 것이 좋은 대응 전략이다.

넷째 유형은 변화를 싫어하는 고객 유형으로, 대체로 안정되고 변함없는 삶을 살기를 원한다. 충성 고객의 상당 부분이 이 그룹에 속한다. 이 고객들이 기업에 제공하는 최대 장점은 바로 믿을 수 있는 정기적인 수요를 보상해준다는 점이다.

점포나 매장에서 고객은 자신이 구하고자 하는 상품에 대해 알아보고 판매 여부를 확인하며 상품에 접근함으로써 선택을 한다. 이러한 고객의 상품 선택은 성격이나 기분에 따라서도 달라진다. 또한 같은 사람이라도 시간이나 장소에 따라서도 달라진다. 따라서 고객을 맞이하고 판매 상담을 하는 사업주나 종업원들은 고객의 성격과 생활 환경 등을 사전에 충분히 파악하고 연구해 고객 유형에 맞는 응대법을 실행해야 한다.

판매를 위한 고객 상담에서 가장 먼저 할 일은 고객이 어떤 유형의 사람인지를 파악하는 일이다. 이때 단순히 고객을 판단하기보다는 이해하려는 태도를 가져야 한다. 사업주나 종업원이 기술적인 판매 접근이나 문제 해결 방법을 제시하기 전에 고객을 잘 이해해야 판매 상담 과정이 원활해지기 때문이다. 때로는 경험에서 얻은 고객의 성격이나 관상 등을 활용한 고객 파악으로 접근하는 고객 유형별 판매 기법도 적중하므로 이런 노하우를 쌓기 위해 노력해야 한다.

쑥스러워하는 고객과 적극적인 고객은 각각 다르게 접근하라

점포를 찾아오는 고객은 크게 쑥스러워하는 고객과 적극적인 고객으로 나뉜다. 쑥스러워하는 고객은 성격적으로 부끄러움을 많이 타고, 말주변이 없어 생각과 행동 면에서 망설이느라고 시간을 보내는 경우가 많다. 이러한 고객은 판매 담당자에게 가장 상대하기 어려운 고객 유형으로, 판매 담당자 자신도 말을 많이 하지 말고 항목별로 질문하는 개방형 대화를 전개하는 것이 효과적이다. 이러한 고객을 다루는 비결은 인내심을 갖고 고객의 결단력을 강화시키는 것이며, 판매 상담자는 아이디어를 제공함으로써 고객이 의사 결정을 내리는 데 도움을 주되 고객의 소극성을 이용해 자신이 직접 결정해주거나 말로 압도해서는 안 된다.

한편 적극적인 고객은 성격상 적극적이고 자신감이 넘치는 유형으로 자신의 결정에 자신감이 있으며, 다른 누구보다 더 많은 정보를 안다고 생각한다. 이러한 유형의 고객에게는 대체로 자신을 낮추고 고객을 존중하여 자존심을 만족시켜주는 방향으로 대화하는 것이 요령 있는 응대법이다. 아울러 요구 사항이 많고 때로는 결정을 서두르는 행동력을 보이는 경우도 있으므로, 가능한 한 목소리를 높이거나 강요하려 하지 말고 판매 상담 전문가로서 냉정함을 잃지 않으면서 공정하고 차분하게 대해야 한다.

적극적인 유형의 고객 응대는 특히 고객이 자신에 대해 이야기하게 유도하기 쉬우므로 사업이나 개인적 측면에서 칭찬거리를 발견해내면 효과적이다. 다만 이때는 논쟁적인 대화를 하지 않게 조심해야 한다.

성격별로 본 고객 유형과 특징

대체로 고객은 성격을 중심으로 볼 때 다음과 같은 여덟 가지 유형으로 나누는 것이 일반적이다. 각 성격별로 본 고객 유형의 특징 및 사업주와 종업원이 대처해야 할 방안을 살펴보자.

• 결정형 고객

적극적이고 자신감 넘치는 이러한 유형의 고객은 종종 성공적인 사업가 등에서 발견할 수 있다. 이들은 자신의 결정에 자신감이 있고 자신이 가장 많은 정보를 안다고 생각하므로 자존심을 높여주어야 하며, 논쟁적인 대화를 하지 않도록 조심한다. 이러한 유형의 고객 응대는 대체로 자신을 낮추고 상대방의 자존심을 만족시키는 방향에서 대화를 시작하는 것이 요령이다.

• 불친절한 고객

이러한 고객 유형은 대개 좌절하기 쉬우며 감정이 굴절된 면이 많다. 따라서 고객이 불친절하고 무뚝뚝하거나 냉담한 태도일지라도 친절과 예의바른 태도로 침착하게 응대해야 한다. 무엇보다 호의를 가지고 있음을 충분히 표시하는 것이 상책이며, 대화를 하는 동안 마음속에 상품의 가치를 심어주려 노력해야 한다.

• 완고하며 의심이 많은 고객

주로 과거의 경험이나 체험을 가지고 대화를 하며 30~40대가 많다. 이러한 고객 유형을 응대할 때는 자료를 보이면서 각각의 내용에 맞게 그때그때 논리적으로 설득하고, 서서히 상대방 고객이 집착하는 원인을 파악한다. 우선 사소한 점에 대한 고객의 찬성을 받고, 그러한 찬성을 모아 영역을 획득해나가는 방법을 사용한다.

• 충동적인 고객

충동적인 고객은 행동이 성급하고 강렬하며 때로는 돌발적이어서 결정을 빨리 내리는 데 필요한 정력과 행동력을 가지고 있다. 이러한 유형의 고객은 변덕이 심하고 자기 본위이기 때문에, 관찰해보고 기분이 언짢은 것 같으면 한발 물러나는 것이 상책이다. 방문 판매라면 이런 유형의 고객에게는 차후에 방문해 좀 더 친절한 분위기로 재도전하는 것이 바람직하다.

• 미결정형 고객

생각과 행동 면에서 방황하는 편으로, 당황해하고 제스처가 분명하지 못한 사람이 많다. 음성이나 질문하는 어조도 부자연스러워 자칫 심사숙고형 고객으로 오인하기 쉽다. 이러한 고객은 판매 담당자 자신을 PR하고 철저하게 신뢰감을 심어주어야 한다. 무엇보다 고객 스스로 결정을 내릴 수 있게 아이디어를 제공하는 등으로 유도하고, 참을성을 가지고 고객의 선택을 기다려야 한다.

• 과묵한 고객

고객이 말이 없는 유형일 때는 다시 세 가지 상황으로 세분화할 수 있다.

첫째는 말주변이 없는 고객이다. 이때는 상담자 자신도 많은 말을 하지 말고 항목별로 질문하는 방식으로 대화를 전개하는 것이 효과적이다.

둘째, 심사숙고형 고객이다. 이러한 유형은 행동이 느리며 성급하지 않고 인내심이 강하다. 또한 사람을 대할 때 침착한 편이라 상대방의 말을 주의 깊게 들어, 철저하게 생각하고 다각적으로 검토한 뒤 느리게 의사 결정을 내린다. 이러한 고객 응대에서는 너무 많은 정보를 털어놓지 말고 몇 가지 정보만으로 대화를 이어가는 것이 효과적이다. 모든 정보를 제공했다가는 그 모두에 대해 고민하고 검토하느라 의사 결정 시간이 한없이 연장되며 자칫 고객에게 혼란을 줄 수 있기 때문이다. 그리고 그날로 거래가 성립되지 못했더라도 다음의 거래를 위해 좋은 인상을 남겨야 한다.

셋째, 상대방이 마음에 들지 않아 침묵을 지키는 고객이다. 이러한 유형의 고객 응대는 상대방이 호감을 가질 만한 외모나 화법이 중요하며, 받아들이기 쉬운 말부터 시작하는 것이 효과적이다.

• 독설형 고객

독설형 고객은 비꼬며 헐뜯지 않으면 직성이 풀리지 않는다. 판매 상담에서 가장 괴로운 일의 하나가 이러한 독설형 고객을 상대하는 일이다. 그러나 고객의 말에 반발하지 않고 상대방의 말을 들어주면서 냉정하고 자제된 태도로 이야기해야 한다. 한편 흉금을 털어놓으면 예상외로 친숙한 상담이 되기도 한다.

• 다변형 고객

다변형 고객은 대체로 상품이나 점포 등의 약점을 찌르는 사람이 많고 거래가 성립된 뒤에도 말이 많다. 이러한 고객에게 말로 이기려 하는 것은 금물이다. 친절하고 말이 많은 고객은 언뜻 응대하기 쉽게 보이나 상담을 종결할 시기가 되면 종종 예상외의 행동을 한다. 따라서 일단 상대방에게 충분히 말을 하게 하고, 적당히 칭찬한 뒤 때를 보아 고객의 말을 반격하되 대항하거나 참지 못하겠다는 듯한 싫은 표정은 결코 지어서는 안 된다.

36 처음 온 고객도 단골 고객처럼 대하라

모든 만남을 첫 만남처럼

처음으로 점포에 찾아온 고객이 있다고 해보자. 이때 처음 온 고객이라도 사업주나 종업원이 다가가서 웃는 얼굴로 반갑게 맞는다면 고객은 기쁜 마음과 친밀감은 물론 나아가 만족과 감동까지 느끼게 된다.

요즘은 상당수의 동네 골목형 구멍가게가 사라지고 24시간 편의점, 대형 할인점 등이 곳곳에 자리를 잡고 있다. 이러한 상황에서는 예전처럼 사업주나 종업원이 친절하고 따뜻하게 대해주는 점포가 많지 않다. 실제로 은행 등을 비롯해 점차 기계화되어 인간성이 메말라가고 삭막해지는 하이테크High-tech형 사회 속에서, 친근하고 따뜻한 인간미가 넘치는 하이터치High-touch형 점포를 찾는 고객이 많아지고 있다는 보도도 수시로 접할 수 있지 않은가.

처음 온 고객은 모든 것이 낯설다. 아마 그 고객은 점포에 들어서기까지 여러 생각을 했을 것이다. 사업주나 종업원이 무관심하고 홀대하지나 않을까 생각했을 수도 있다. 특히 성격이 소심하고 쑥스러움을 많이 느끼는 고객이라면 미소를 지으며 자상하게 자신을 이끌어주는 사업주나 종업원에게 고마움을 느끼는 것이 당연하다. 그런 경험을 한 뒤라면 점포를 나온 뒤에도 '앞으로 자주 방문해야지'라는 생각을 하며 가벼운 발걸음을 옮길 확률이 크다.

한편 적극적인 유형의 고객이라면, 처음으로 방문한 자신에게도 차나 커피 등의 음료수를 권하며 반갑게 맞아주고 인사를 건네는 사업주나 종업원이 더욱 친근하게 느껴질 것이고, 자신이 마치 오래된 단골 고객처럼 생각될 것이다. 아울러 자신이 알고 있는 상품 지식을 서로 나누는 과정에서 망설이지 않고 상품 구입이나 거래 계약에까지 이를 수도 있다.

오늘날 마케팅 활동은 기업 경영에서 가장 중요한 기능의 하나로 강조된다. 기업들은 마케팅의 중요성을 새롭게 인식하고 마케팅 관리 기법과 수단을 사업 경영에 적용하는 데 관심이 높다. 특히 점포 판매나 방문 판매는 마케팅 전략 중 촉진 전략의 하나인 인적 판매personal selling의 수단으로 고객 창출 및 고객 관리 활동을 통해 판매 확대와 영업 수익을 증대해나가는 좁은 의미의 마케팅 활동이라 할 수 있다.

일반적으로 인적 판매는 판매원이 직접 고객과 대면해 제품이나 서비스를 구입하게 권유하는 커뮤니케이션 활동의 하나로 중요성이 크다. 뿐만 아니라 고객과 직접 접촉함으로써 고객 개개인의 개성과 그들의 욕구를 비교적 쉽게 파악하고, 이에 상응하는 적절한 서비스를 제공함으로써 광고 등 여타 촉진 수단에 비해 고객에게 친밀감과 신뢰감을 제공할 수 있다는 점에서 강력한 촉진 수단으로 인식된다.

고객을 맞이하고 응대하는 접객 서비스는 이러한 인적 판매 활동의 첫 단계로 가망 고객을 지속적으로 발굴해 신규 고객으로 유치하는 한편, 기존 고객과의 거래 심화를 통해 단골 고객으로 유도함으로써 점포의 시장 점유율 증대를 도모하기 위한 적극적이고 창조적인 활동이다. 어차피 고객은 점포나 매장에서 자신이 원하는 상품에 대한 접근을 통해 선택을 하게 되지만, 이러한 상품 선택도 고객의 성격이나 기분에 따라 달라질 수 있는 만큼 사업주나 종업원은 처음 온 고객도 단골 고객처럼 대해야 좋은 결실을 얻을 수 있음을 기억해야 한다.

이러한 고객을 맞는 긴장은 단골 고객에게도 똑같이 적용된다. 충성 고객이라고 무심결에 소홀히 대하거나 정도 이상으로 허물없는 태도를 보이는 행위, '배려해주겠지' 하는 생각으로 고객을 기다리게 하는 등은 때로 고객이 완전히 돌아서게 만들기도 한다. 단골 고객이 하필 그날 기분이 좋지 않았다거나, 최근 그 점포가 자신에게 소홀해졌음을 느꼈다고 생각해보라.

모든 고객은 처음 온 고객인 동시에 단골 고객이라는 자세로 고객을 맞이하자. 누구나 첫 만남에서는 긴장하며 정성을 다해 좋은 인상을 남기려 하지 않는가. 이런 자세는 첫 고객에게는 친근함을, 단골 고객에게는 한결같은 감사함을 전달하게 해준다.

37 | 피하고 싶은 고객

모든 고객이 소중하다는 자세가 사업주와 종업원의 기본 마음가짐이지만, 사람과 사람이 만나는 일인 만큼 고객 중에도 기피하고 싶은 고객이 당연히 있다. 기업에 따라 원하지 않는 유형의 고객들이 있음을 전제로, 토니 크램이 제시한 반갑지 않고 기피하고 싶은 대표적인 고객 유형을 알아보자.

먼저, 기피해야할 고객의 첫 번째 유형은 우리 회사나 점포에 맞지 않는 고객이다. 한마디로 말해, 이들은 실수로 혹은 상품의 정보를 제대로 파악하지 못해서 자신들에게 맞지 않거나 어울리지 않는 상품이나 서비스를 구입한 사람들이다.

두 번째 유형은 신용이 나쁜 고객이다. 정해진 기간 내에 제대로 돈을 지불하지 않는 고객이 대표적이다. 결국 지불 능력이 없는 고객은 미리 기준을 정해놓고 거래를 삼가는 것이 나중을 위해서도 좋다. 거래자의 과거 전력을 살펴보는 것이 도움이 된다.

세 번째 유형은 상습적으로 거짓말하는 고객이다. 흔히 상품을 구매하자마자 반품이나 환불을 요구하거나, 고객의 잘못으로 상품에 하자가 났음에도 책임을 판매자나 사업주에게 떠넘기는 고객들은 조심해야 한다. 물론, 그 상황에 따라 효율적으로 대처해야 한다. 이러한 고객들과 관련해 사업주는 물론 고객의 관심사와 불만에 신경을 써야 하나, 상습적이고 악성인 스토커들은 과감하게 떨쳐버려야 한다. 이러한 고객들에게 시달리며 시간과 에너지를 낭비하다 보면 최고 고객들에게 제대로 서비스를 할 수 없기 때문이다.

네 번째 유형은 비경제적이며 비효율적인 고객이다. 이들은 자신의 구매 수준보다 항상 지나치게 큰 서비스를 요구한다. 회사가 당연히 자신만의 불만을 해결해줘야 한다는 것이다. 물론, 회사는 고객우선주의를 추구해야 한다. 하지만 한 사람만의 회사가 아님을 또한 명심해야 한다. 그런 점에서 서비스 낭비, 비용 낭비 등을 유발하는 고객은 장기적인 관점에서 관리 대상으로 선별하는 것이 좋다.

다섯 번째 유형은 가격만 따지며 불평불만이 가득한 고객이다. 당연히 고객들은 똑같은 제품을 저렴하게 사길 원한다. 그래서 최근 인터넷 쇼핑몰이 성황을 이루는 것이다. 하지만 매장에서 인터넷 쇼핑

몰 가격을 운운하면서 지나치게 에누리를 원하는 고객들이 간혹 본
다. 이는 고객이 유통구조와 상품의 질을 간과했기 때문에 생기는 사
태이다. 이런 고객과의 지속적인 관계는 솔직히 힘들다. 정중하게 타
쇼핑몰의 상품과의 차이점을 제안하고 매장 상품의 좋은 점을 부각
시켜서 설득하는 것이 필요하다. 그러나 고집이 센 고객의 경우는 정
중하게 홈쇼핑이나 인터넷 쇼핑몰을 이용해줄 것을 제안하는 것이
바람직하다.

38 | 유치하고 싶은 고객

피하고 싶은 고객이 있듯 반드시 유치하고 싶은 고객도 있기 마련이다. 우리 기업이나 점포에 적합하고 우리 상품과 서비스를 좋아하는 고객이 누구인지 명확히 파악해 이들을 찾아내는 일은 기업 경영에 반드시 병행되어야 할 점이다. 최고의 고객 유치에 초점을 맞춘 기업이나 점포일수록 시작 단계에서 피하고 싶은 고객들을 과감하게 잘라내는 걸러내기 전략을 사용해야 한다. 그리고 이러한 고객들에게 갈 서비스 인력과 에너지를 최고의 충성 고객에게 쏟아 부어야 한다.

그렇다면, 대체 어떤 고객을 유치하는 데 전력을 쏟아야 하는 걸까?

무엇보다 자주 많이 사는 고객이 최우선이다. 기업이 원하는 고객은 당연히 많이 사주는 사람이다. 이런 고객들에는 두 부류가 있다. 한꺼번에 많이 사는 고객과 꾸준히 많이 사는 고객이다. 따라서 이러한 고객의 유형에 따라 마케팅 전략도 달라야 한다.

다음으로, 미래에 대량 구매가 예상되는 고객이다. 물론, 현재에는 보잘 것 없지만 향후 여러 형태를 통해서 장기적 단골 고객이 될 수 있는 고객을 살펴봐야 한다. 이것이 곧 기업이 지향해야 하는 서비스 마케팅 전략이다. 이런 고객을 세분화해보면, 미래에 대량 구매를 할 가능성이 높은 고객, 많은 자회사를 거느린 그룹에 속한 기업 고객, 오픈 협상을 즐기는 고객 등이 있다. 장기적 관점에서 이러한 고객에게 특판을 유도하는 전략이 필요하다.

셋째, 틈새시장의 고객층에 주목하라. 경쟁사가 관심이 없거나 경쟁사들의 주요 목표 고객층이 아닌 고객들, 즉 틈새시장의 고객에 항상 관심을 두고 있어야 한다. 고객은 물과 같아서 유동적이다. 어제의 틈새 고객이 당신의 블루오션이라는 점을 명심하라.

넷째, 충성심 높아 언제나 아이디어를 제안하는 고객이다. 솔직히 기업의 CEO나 점포 사업자가 가장 목말라하는 점은 '기업이나 점포가 제대로 영업을 하고 있는가'이다. 그런 아쉬움을 채워주는 고객이 있다. 그들은 상품 혹은 기업의 서비스를 사용해보고 미흡한 부분이나 보완했으면 하는 부분을 일러준다. 이처럼 정보 벤치마킹에 도움이 되는 고객 유치에 중점을 두어야 한다.

39 | 고객은 항상 왕인가

고객은 항상 옳을까

고객 만족을 넘어 고객을 감동시켜야 하는 고객 감동 마케팅 시대에, '고객은 왕'이라는 말을 흔히 들을 수 있다. 왕인 고객을 감동시켜야 충성 고객을 확보할 수 있고, 그렇게 감동한 고객이 기업을 흥하게 만들기 때문이다.

그러나 고객이 왕이라고 하여 항상 옳은 것만은 아니다. 이 점은 최근 들어 여러 기업 실무자들과 학계의 연구자들이 강조하고 있는 점이기도 하다. 고객들 중에는 기업이 유치하고자 하는 선호 고객과는 달리, 기업 자신이나 다른 고객들에게 피해를 줄 수도 있어 관계를 맺지 않고 피하도록 노력해야 하는 고객들도 매우 다양하기 때문이다.

그러면 어떠한 고객들이 불량고객인가? 이유재 교수는 〈불량 고객의 유형과 대응〉(《서울 비즈니스 레터》 2005년 6월)이라는 글에서 기업이나 다른 고객에게 피해를 주는 불량 고객을 몇 가지 유형으로 나누어 설명했다. 지금부터 고객 관계를 피하도록 노력해야 하는 고객들을 유형별로 살펴보겠다.

• 도둑형Thief 고객

이 유형은 제품이나 서비스에 대가를 지불하지 않거나 훔치고, 가격을 지불하지 않으려는 좀도둑형 고객이다. 객실 내 주방 기물을 훔치는 고객, 인터넷 등에서 타인의 주민등록번호나 ID를 도용하는 고객, 서점에서 책을 훔치는 고객 등이 대표적이다. 특히 훔친 카드를 사용하거나 PC뱅킹 등으로 타인의 예금을 불법 인출하는 고객을 주의해야 한다. 피해를 당한 고객이 소송 제기를 하거나 손실 보상을 요구하면 기업 이미지에 큰 타격을 입을 수 있기 때문이다.

• 규칙 위반형Rule breaker 고객

규칙을 무시하고 행동하는 유형의 고객을 말한다. 예를 들어 고속도로의 무단횡단 금지, 실내수영장의 수영모 착용 규칙 등은 시설 작동을 원활하게 하거나 잘못 사용하지 않게 하기 위해 또는 기업 자신을 법적으로 보호하고 다른 고객들에게 부정적 영향을 끼칠 여지를 제거하기 위한 것들이다. 이를 위해 가장 좋은 방법은 사전 교육과 위험에 대한 경고다. 이러한 조치들을 통해 고객들은 올바른 행동을 취할 수 있고, 기업은 잘못된 결과로 인한 불필요한 절차를 거치지 않을 수 있다.

• **호전형**Belligerent **고객**

이 유형은 상점이나 호텔, 식당 등 어디서든 종업원에게 언성을 높이거나 욕설을 하며, 심지어 육체적인 폭력을 행사하기도 한다. 이때 적절히 대응하려면 고객과 직접 접촉하고, 종업원은 스트레스를 잘 이겨낼 수 있는 친절하고 예의 바른 사람으로 신중히 채용해야 한다. 그리고 종업원들에게 적절한 교육 훈련을 시행해 상황 해결에 필요한 구체적인 기술이나 방법을 익히게 해야 한다.

• **내분형**Family fenders **고객**

이는 화난 고객이 다른 고객과 싸우는 경우를 가리킨다. 예를 들면 부인이 계약한 보험이 마음에 들지 않는다고 보험사에 같이 온 남편이 부인과 싸움을 벌이거나, 자신의 정당성을 주장하기 위해 다른 고객들을 자기편으로 끌어들이는 경우가 있다. 또한 운동 경기장에서 관람객들 간에 싸움을 하거나 음식점에서 시끄럽게 뛰어다니는 아이 문제로 손님들 간에 말다툼이 생기는 경우도 이러한 유형에 속한다.

• **파괴형**Vandal **고객**

이 유형은 기업의 시설이나 장비에 물리적 손상을 입히는 고객들이다. 콘도의 주방 기구 파손, 은행 ATM을 고장 내거나 벽에 낙서하는 행위, 버스의 의자 시트를 칼로 긋거나 식당 테이블보에 구멍을 뚫는 일 등이 대표적인 파괴형의 사례다. 이런 일은 미연에 방지하는 것이 최상의 대처이므로, 고객들에게 적절히 시설 사용법을 알리고 조심해서 다루라는 경고문을 부착해야 한다. 때로는 고객을 교육하거나 파손 비용을 고객에게 부담할 필요도 있다.

- 신용불량형 Deadbeat 고객

기업에게 제공받은 제품이나 서비스에 대한 값을 지불하지 않으려는 고객이 바로 신용불량형에 속한다. 음식점에서 돈이 없다고 배짱을 부리거나 도망가는 고객, 국제전화를 사용한 후 행방을 감춰버리는 고객, 부도를 내고 투자자들에게 손실을 입히는 부실기업 등이 그러한 예다.

이렇듯 고객은 왕과 같은 존재지만 그중에는 경계해야 할 고객들도 있다. 그들은 유형이 다양한 만큼 이에 대한 대응 방안도 각각 다르다. 중요한 것은 옳지 않은 고객들의 유형을 충분히 이해하고 체계적으로 대응할 수 있게 대비하는 일이다. 고객이 왕이라 해서 항상 옳지는 않음을 기억하라.

40 | 고객 이탈을 방지하라

소점포의 고객 이탈 문제

소점포 경영에서 고객과 문제가 발생할 때, 이를 임기응변으로 쉽게 해결하고 지나가려는 경향이 있는데 이는 결코 좋은 해결책이 아니다. 고객에게 문제점을 시인하고 사과함과 동시에 신뢰감을 줄 수 있게 성실하고 적극적으로 문제 해결 의지를 보여야 이전보다 나은 고객 관계를 유지할 수 있다.

어떤 문제가 생겨 고객이 이탈하려 할 때 그를 지속적으로 붙잡아두려면, 인센티브를 제공하거나 이탈에 대한 불이익 조치를 취해야 한다. 때에 따라서는 고객에게 이탈 시 금전적 또는 심리적 대가를 치러야 한다는 사실을 상기하는 것도 한 방법이다. 토니 크램은 이럴 때 고객에게 현재의 문제는 일시적인 것에 불과하며, 이를 극복하면 많은 이익을 얻게 될 것이라고 설득하라고 제안한다. 아울러 쉽게 빠져나가지 못하게 여기저기 장애물을 설치하는 것도 중요하다고 강조한다.

고객 이탈 방지 방안과 장애물 제시의 구체적 내용을 살펴보면, 우선 거래를 계속하게 하기 위한 인센티브로는 믿을 수 있는 상품과 서비스 보장, 효율적인 쌍방향 대화 창구 개설, 장기적인 관계 인정 및 사적 관계 유지, 협력 강화 및 비전 공유 등이 있다.

한편 이탈 방지를 위한 조치로는 장애물 설치 방법을 들고 있다. 고객 이탈을 방지하기 위한 울타리를 설치하지 않으면 아무리 장기적인 관계를 지속한 고객이라도 빠져나갈 위험이 있기 때문이다. 그리고 일단 관계가 악화되면 고객은 순식간에 빠져나가려 한다. 이러한 고객 이탈 방지를 위한 장애물로는 금전적인 경우와 심리적인 경우를 들 수 있다. 금전적인 장애물로는 장기적인 계약 체결, 거래 장기화 시 거래 조건 개선 제시 등이 있고, 심리적인 장애물로는 공포감, 불안감, 불확실성 상기, 정보의 힘을 과시하는 방법 등이 있다.

더 이상 거래를 하지 않으려는 고객을 설득하는 일은 대단히 어렵다. 특히 거래를 중단하는 구체적인 이유조차 이야기하지 않을 때는 설득이 더더욱 어려워진다. 거래 고객의 이탈을 방지하기 위해서는 사후 대처보다는 고객이 거래 중단 의지를 갖기 전에 그러한 마음을 먹지 않게 예방하는 것이 중요하다. 문제 발생 이후 이를 해결하려고 동분서주하는 것은 효과도 낮고 성공 가능성도 적기 때문이다.

만약 거래 중단 의사를 가진 고객이 VIP 고객이라면 그의 거래 규모에 걸맞은 대우를 경제적인 면(가격 할인 등 우대, 사은품 제공 등)뿐만 아니라 비경제적인 면(VIP룸 이용 자격 부여, 각종 행사 초대, 기념일에 축하 카드 보내기 등)에서도 충분히 받고 있다는 느낌을 줄 수 있게 세심한 노력을 기울여야 한다. 최근 대다수 은행이 거행적인 관심사인 CRM을 통해 고객 정보를 축적하고 이를 영업 현장에서 최대한 활용함으로써 업적 향상이 이루어지게 노력하는 것은 모두 이 때문이다.

고객 이탈 방지와 문제 해결 대책

소점포 경영에서 고객 이탈을 야기할 문제가 발생했다면 다음과 같은 방향으로 문제를 해결해나가야 한다.

• 문제를 시인하고 사과한다

소점포 거래에서 고객과 문제가 발생했을 때는 가장 먼저 고객의 입장에서 생각해보아야 한다. 입장을 바꾸어 생각하면 고객이 어떤 조치를 기다리는지 쉽게 이해할 수 있다. 문제가 발생했다면 즉각 시인하고 사과하며 해결책을 제시하고, 이를 즉시 시행하기 위해 노력해야 한다. 특히 현실적이고 효율적인 해결책을 제때 제시하는 것이 관건이다.

• 상황을 설득력 있게 설명한다

문제가 발생하면 고객에게 정중하면서도 정직하게 상황을 설명해야 한다. 이는 고객에게 향후 거래에 대한 신뢰감을 주고 고객 관계도 강화할 수 있는 방안이다.

• 같은 일이 재발하지 않게 하겠다는 의지를 보인다

아주 상세한 사항까지 문제점을 파악, 대응함으로써 향후 문제 발생의 소지를 미연에 방지하겠다는 의지를 보여야 한다.

• 문제 해결에 대한 특별한 능력을 보여준다

문제 해결 결과 및 과정에서 공정성을 유지하면 고객은 점포에 대한 충성심을 되찾고, 나아가 잠재 고객들에게 적극적으로 점포를 추천하려 한다.

• 신뢰를 다시 얻는다

문제 발생으로 금이 간 신뢰가 적극적이고 공정한 일처리 과정을 거쳐 회복될 때, 이를 더욱 확실히 마무리하려면 사업주가 성의를 표시하는 것이 좋다. 사업주가 직접 고객에게 전화를 거는 등으로 문제 해결 여부를 확인하면 고객 이탈 방지에 확실한 효과를 거둘 수 있다.

41 | 고객들에게 해서는 안 될 열두 가지

고객 관리의 매너

근래에 인기를 끄는 각종 책이나 정보 자료를 보면 제목에 유독 '~하는 몇 가지', '~가 되기 위한 필수 조건 ~가지', '~하는 사람들의 ~가지 무엇' 등의 형태가 많다. 이는 말하려는 주요 항목을 숫자로 나타내어 그 요점을 미리 인식시킴으로써, 더 분명하고 빨리 그리고 선명하게 독자나 관심 있는 사람들의 주의를 끌기 위함이다.

여기서 소개하려는 '고객들에게 해서는 안 될 열두 가지'도 마찬가지다. 이는 《소점포 경영 아이디어 편지_Small Business Idea-Letter》라는 책의 발행인 겸 편집인인 배리 톰센_Barry Thomsen 이 〈고객의 구매를 촉진하는 방법_Getting Customers to Buy〉이라는 글에서 고객 서비스에서 해서는 안 될 열두 가지의 내용을 정리한 것이다. 이는 주로 기존 고객의 구매 촉진과 잠재 고객의 첫 구매 유도에 대해 다루고 있는데, 이 열두 가지를 분명히 지키려 노력한다면 소점포 경영에서 고객과의 거래를 원만하게 이끌어나갈 수 있을 것이다.

고객들에게 해서는 안 될 열두 가지

- 고객과는 절대 다투지 말라. 논쟁에서도 지고 고객도 잃을 위험이 있다.
- 물건을 팔거나 주문할 때는 반드시 '감사합니다'라고 말하라.
- 거래 고객이든 가게에 들어선 고객이든 절대 무시하지 말라.
- 고객에게 문의나 확인 등을 할 때도 1분 이상 고객을 붙들고 있지 않게 하라.
- '불가능하다'는 말이나 '기필코 해내겠다'는 등의 말을 함부로 하지 말라.
- 고객 전화는 벨이 네 번 이상 울리기 전에 받아라.
- 견적을 낼 때는 고객이 하루 이상 기다리게 하지 말라.
- 단골 고객에게는 항상 답례하는 것을 잊지 말라.
- 문제가 생겼다면 해결이나 환불을 지체 없이 실시하라.
- 고객과 일정 기간 연락이 되지 않는다면 잊지 말고 연락을 취하라.
- 고객의 제안들을 무시하지 말고 환영하라.
- 고객을 속이려 하거나 기만하지 말고, 농담 등을 섞어 즐겁게 대하라.

　한 번 구매해서 만족한 고객은 다시 돌아와 재구매를 하고, 전보다 더 많은 구매를 하는 경향이 있다. 따라서 기존 고객들에게 구매를 더 많이 하게 하고 잠재 고객들에게 처음 구매 행위를 유도하려면 고객들을 귀중한 황금을 다루듯 대해야 한다. 또한 그들의 말을 귀담아 듣고, 욕구에도 적절히 대응해야 한다. 그리고 점포에 진열된 상품과 서비스로 그들을 기쁘게 해야 할 것이다.

42 | 할인권이나 사은품을 제공하라

점포 사업의 효과적인 판매 촉진법

고객을 대상으로 구매 의욕을 높이기 위한 판매 촉진 방법에는 여러 가지가 있다. 여기서는 특히 소규모 점포 사업에서 활용 가능한 일반적인 판매 촉진 방법을 알아보자.

• 가격 할인 또는 할인권 증정

고객의 구매를 촉진하고 신규 고객을 확대하기 위해서는 특별 판매 캠페인, 시즌 캠페인 등을 이용할 수 있다. 이러한 캠페인은 비수기나 불경기가 지속될 때, 특정 상품의 과다 재고를 처분할 때, 전략적으로 경쟁 점포를 이기려고 할 때 사용된다.

이 방법은 일반적으로 1회에 5~10일 정도 실시하는 것이 효과적이다. 이는 가장 손쉽게 매출을 증대할 수 있는 방법이지만, 너무 자주 실시하면 점포 이미지가 실추되거나 싸구려 상품이라는 인상을 주어 매출에 악영향을 미칠 수 있으므로 유의해야 한다. 또한 가격 할인 판촉은 음식에는 가급적 사용하지 말아야 한다. 음식에 할인 행사를 하면 고객 입장에서는 품질 자체에 의구심을 가질 수 있기 때문이다. 이 때는 사은품과 같은 경품 제공 방식을 사용하는 것이 바람직하다.

• 사은품 등 경품 제공

이는 고객 확대 및 고객 고정화를 목적으로 사용하는 판촉 방법이다. 사은품 제공은 구매 고객 일부에게 제공하는 현상 경품 지급 방법과 구매 고객 전원에게 제공하는 선물과 같은 기념품 제공 방식이 있다. 대체로 일정액 이상을 구매하는 고객에게 그에 상응하는 사은품을 증정하는 방식이 많이 사용된다. 또한 일정 구매액 단위로 스티커를 제공해 그에 따라 경품을 제공하는 방식도 많이 사용된다.

또한 고객에게 별도로 특별한 선물을 하는 방법은 고객과의 인간관계를 돈독히 다질 수 있는 또 다른 커뮤니케이션 방법이다. 다만 선물을 할 때는 일 년에 한 번보다는 여러 번으로 나누어서 횟수를 늘리는 편이 강한 인상을 심어줄 수 있다. 그리고 가격이 비싸지 않으면서 고객이 기뻐할 만한 물건을 선택해야 하며, 종류는 고객의 직업이나 관심 분야를 고려해 도움이 될 만한 것으로 선택해야 한다.

• 샘플 제공

고객의 구매 욕구를 자극해 주의를 집중시키고 인지도를 높일 목적으로 사용된다. 보통 신상품 도입이나 모델 변경, 캠페인 행사 등에 사용하는 방법이다.

• 회원제

고객을 조직화해 각종 정보 제공 등의 해택을 줌으로써 고객 확대 및 단골 고객으로 유도하기 위해 사용하는 방법이다. 대체로 이용 실적에 따라 마일리지 등 포인트를 부여하고, 우수 고객 등으로 고객을 분류해 멤버십 카드를 발급함으로써 각종 행사에 초대하거나 할인특전 등을 제공한다.

• 전단지 배포

슈퍼, 전문점, 소매점 등에서 가장 자주 사용하는 판촉 방식으로, 배포하는 범위를 한정할 수 있어 중소 규모의 기업에 적당하다. 사업주의 사진을 넣어 경영 이념, 목표 등을 강하게 피력하면서 고객을 위한 점포라는 것을 강조하고, 점포의 주요 아이템 및 가격대를 소개한다. 이는 가두에서 직접 배포하는 방법과 신문 등에 끼워 배포하는 경우가 있다. 일반적으로 점포 반경 1킬로미터 이내의 2차 상권까지가 효과적이다.

• 지불 조건의 다양화

신규 고객 확대 및 구매를 촉진하는 방법으로, 고객의 신용도에 따라 무이자 할부 판매, 현금가 분할 판매 등을 활용한다.

• 지역 봉사활동 참여 등

지역 고객과 밀착하여 점포 이미지를 높이려는 목적으로, 각종 지역 행사에 참여하거나 지원하고, 지역의 자선단체나 기관 등을 방문하는 활동을 말한다. 이 방법은 장기적으로 점포의 이미지를 높이고 지역의 고정 고객을 많이 확보할 수 있다.

이상에서 살펴보았듯 단골 고객 등 고객의 충성도를 인정하고 고마움을 표하거나 적절한 보상을 하는 방법은 매우 다양하다. 중요한 것은 점포 상황과 고객 특성에 맞는 것들을 적절하게 활용함으로써 판매 촉진 효과를 최대로 얻는 것이다. 단골로 드나드는 고객들의 주소록이나 고객 카드를 만들어 관리하고, 할인권을 제공하라. 어린이날, 어버이날, 크리스마스 등 특별한 날에는 고객 사은 행사를 실시해 고객들에게 사은품을 나누어준다.

고객의 생일이나 결혼기념일 등에도 이벤트를 준비하거나 특별 서비스를 해준다. 예를 들어 동네 꽃집과 얘기를 해두었다가 기념일에 저렴한 가격으로 장미를 한 송이 추가해서 축하하거나 인기 있는 음료를 서비스로 주는 것도 좋다. 젊은 층이라면 축포나 오색 테이프, 작고 예쁜 메시지 카드를 주는 등 눈에 보이는 것으로 특별함을 챙기는 것도 좋은 방법이다.

할인권이나 사은품을 제공하라! 그리고 이것은 결코 공짜로 주는 것이 아니라 일종의 투자라고 생각하라!

43 | 고객과의 약속은 항상 정확히 지켜라

약속을 지키는 것은 신뢰를 얻는 일

고객과 한 약속을 지키는 것의 중요성과 관련해 아래의 예를 살펴보자.

소점포 사업으로 성공을 거둔 노하우가 담긴 이재연의 《작은 가게 성공 경영법》에는 이런 사례가 나온다. 이 사장의 가게에서는 쿠폰 열 장을 모아 오면 보너스나 사은품을 주기로 했다. 어느 날 꼬마 고객이 쿠폰 열 장을 들고 왔는데 몇 장은 신발 자국이 찍혀 있었고, 모래가 박혀 작은 구멍이 송송 난 것, 반쯤 잘린 것도 있었다.

쿠폰이 상처투성이인 것을 이상하게 여긴 이 사장은 잠시 생각을 해본 결과, 꼬마 고객이 가게 앞에 서 있다가 고객들이 무심코 떨어뜨리고 간 쿠폰까지 주워서 모아 온 것임을 알아냈다. 이 사장은 모른

척하고 웃으면서 보너스와 덤으로 콜라까지 손에 쥐어 꼬마 고객을 보냈다.

이 사장은 쿠폰을 모은 경위를 따져서 보너스를 주겠다는 것이 아니라 쿠폰을 모아 오기만 하면 보너스를 준다고 약속했으므로 이를 지킨 것이다. 이런 약속을 제시했을 때, 간혹 오래전 개업 때 받은 것이나 몇 년 전에 발행한 쿠폰을 가지고 오는 고객도 있다. 하지만 기한을 제한하지 않았으니 고객이 무리한 요구를 하는 것이라고 볼 수는 없다. 이 사장은 그저 자신의 이익이 조금 줄어들 뿐, 손해나는 건 아니라고 생각하며 고객과의 약속을 지켰다. 꼬마 고객이나 오래전에 찾아온 고객이라도 앞으로 단골 고객으로 만들어 손해를 만회하면 된다는 생각에서였다.

또 다른 예를 보자. 약 3개월 전 금융회사의 재무설계사인 K차장은 가망 고객과 통화를 하다가 고객이 근무 중인 여행사의 판촉 활동을 돕겠다는 약속을 했다. 이때 한 약속이 이후 계속해서 자신을 따라다닐 줄은 전혀 예상하지 못한 채로 3개월이 지난 어느 날 통화를 하던 중, 그 고객은 K차장이 말한 여행사에 대한 무료 판촉 행사 건이 어떻게 진행되는지 물었다. 그때서야 K차장은 당시에 무심코 던진 말이 고객에게는 큰 약속이 되었고, 자신에게는 커다란 불이익이 될 수도 있음을 깨달았다.

개인적 관계든 사업적 관계든 약속은 반드시 지켜야 한다. 그러려면 무엇보다 함부로 약속을 하지 말고, 실현 가능한 약속만 해야 한다. '약속은 지키기 위해 있는 것'이라는 말도 있지 않은가! 친한 친구와 한 약속이고 아무리 사소한 일일지라도 약속은 약속이다. 만약 그 약속을 지키지 못한다면 사소한 일에서 신뢰를 잃어 막상 당신이 그 친구를 간절히 원할 때 외면을 당할 수도 있다.

약속을 지키지 않은 대가는 단순한 관계 파기 이상의 엄청난 파장을 몰고 올 수도 있다. 약속을 지키지 못할 것 같으면 상대방에게 미리 연락해서 알려야 한다. 물론 부득이한 상황이 아니라면 한 번 한 약속은 지켜야 한다. 당신에게는 사소한 일일지 몰라도 약속한 상대방에게는 그렇지 않을 수 있기 때문이다.

고객과의 약속도 마찬가지다. 쿠폰제 등을 비롯한 어떤 약속이라도 이익이 조금 줄어든다고 무시해서는 안 된다. 더욱이 기한을 제한하지 않았다면 모든 책임은 사업주에게 있다. 더 큰 고객을 위해서라도 고객 한 명 한 명과의 약속은 반드시 지켜야 한다. 가망 고객에게 하는 약속이나 주장은 물론, 때로는 무심코 던지는 말도 주의해야 한다. 고객은 가려서 듣고 가려서 기억하며, 그 모든 상황을 자신에게 최대한 유리한 방향으로 해석할 수 있다.

예를 들어 고객들은 대체로 일주일 안에 무언가를 해결하겠다는 약속을 받으면 사흘 뒤에 연락해서는 어떻게 되었는지 묻는다. 또 무언가를 공짜로 주겠다고 약속하면 공짜에 더해 또 다른 무언가를 기대한다. 이것이 바로 고객이다. 따라서 가망 고객에게 약속을 했다가 지키지 않는 것은 신규 고객으로 만들 가능성을 스스로 포기한 것이나 다름없다. 가망 고객이나 기존 고객이 사실로 받아들일지도 모르는 말이나 약속을 할 때는 반드시 '문서로 작성한 것만 실천한다'는 원칙을 지켜야 한다. 다시 말해 그 약속을 꼭 지켜야 한다면 처음부터 문서로 작성하는 편이 좋다.

고객은 언제나 기업이 자신을 위해 최선을 다할 것이라는 신뢰에 가치를 둔다. 고객의 이러한 신뢰는 상대방 기업이나 점포의 향후 행동에 믿음을 갖게 한다. 그러나 이러한 고객과의 신뢰 관계는 약속을 한 번 소홀히 하는 바람에 쉽게 무너질 수도 있다. 기업이나 점포에 신뢰감을 느낄 수 있게 고객과의 약속은 반드시 지켜라!

44 │ 아이쇼핑만 하는 고객도 잠재 고객이다

잠재 고객의 의미와 PPC 고객 관리

영업이나 판매라는 행위는 그 자체가 단독으로 성립되는 것이 아니다. 판매 행위는 사업주나 종업원과 고객 사이에서 성립되는 행위다. 따라서 사업주나 종업원의 판매 활동은 고객의 구매라는 상대방이 있어야 비로소 '상행위'로서 성립되며, 이것이 모든 판매나 구매 활동의 전제가 된다.

이렇듯 판매 활동을 담당하는 사업주나 종업원에게 그토록 중요한 파트너인 '고객'이란 대체 누구인가? 일반 제품이나 서비스를 판매하는 세일즈 업무에 종사하는 사업주나 종업원이라면 누구든 고객이라는 파트너를 일반적 의미의 '고객'과, 판매가 가능한 고객 즉 '가망 고객'으로 구별해서 생각할 것이다.

그렇다면 여기서 말하는 '고객'이란 누구인가? 또는 '가망 고객'이란? 그리고 흔히 쓰는 또 다른 용어인 '예상 고객'이라는 말은 무엇을 의미하는가?

예를 들어 설명해보겠다. 남성이 아내라는 상대를 얻으려면 애인이 필요하다. 그러면 애인이 될 상대는 어디에 있는가? 물론 불특정 다수의 여성 가운데서 고르게 된다. 이를 똑같은 논리로 판매 활동에 적용하면, 사업주나 종업원이 제품이나 서비스를 구매해줄 고객(아내)을 얻으려면 가망 고객(애인)이 필요하고, 가망 고객은 예상 고객(모든 여성) 중에서 고르게 된다. 결국 예상 고객이란 '사업주나 종업원이 판매를 하려는 상품이나 서비스를 사줄 것으로 예상되는 고객, 다시 말해 아직 실제 고객은 아니나 고객으로 될 가능성이 있는 잠재력을 가진 고객, 즉 잠재 고객'이다.

이런 고객의 개념과 관련해 'PPC 고객 관리'라는 말이 있는데, 앞서도 나왔듯 이는 각각 예상 고객 즉 잠재 고객Potential, 가능 고객 즉 가망 고객Prospect, 그리고 단골 고객Customer의 머리글자를 딴 말이다. 이러한 PPC 고객 관리에 따라 고객을 셋으로 분류해 관리하는 것은 세일즈라는 업무의 효율을 높이는 일에 지나지 않는다. 그러나 사업주나 종업원은 이러한 분류법을 통해 각각의 고객 개념을 숙지하고 그에 따른 행동이나 관리 자세를 스스로 세우고 실천할 수 있다.

잠재 고객을 한 번에 고객으로 끌어들이려는 것은 야구로 말하면 일발 장타의 홈런을 노리는 것과 같다. PPC 고객 관리의 요점은 사업주나 종업원 또는 판매 사원이 홈런만 노리거나 홈런 타자만 육성하려는 생각을 버리라는 데 있다. 사업주는 가망 고객 관리를 중심으로 종업원들에게 관심을 갖고 잠재 고객을 확보하라고 지시해야 한다. 그리고 종업원들은 모든 고객을 대상으로 판매 활동을 하되 특히 잠재 고객의 확보를 위해 노력해야 한다.

아이쇼핑만 하는 고객을 유혹하라—잠재 고객을 가망 고객으로

잠재 고객을 사업주나 종업원이 자신의 상품과 서비스에 맞게 구분한 특정 고객층이라 하면, 가망 고객은 그러한 잠재 고객 중 사업주나 종업원의 세일즈 상담 여하에 따라 실제 고객이 될 만한 능력을 보유한 고객을 말한다. 다시 말해 현재 사업주나 종업원이 판매 및 제공하는 상품과 서비스를 거래할 가능성이 높은 개인이나 단체를 말한다.

판매 영업을 담당하는 종업원이 볼 때, 가망 고객의 명단이 많을수록 영업 활동은 활발해진다. 가망 고객은 판매 영업을 담당하는 종업원의 상품 설명을 충분히 이해할 수 있고, 상품에 대한 구매 의욕도 왕성하다. 아울러 금전적인 능력 및 의사 결정권까지 보유한 고객이므로 사업주나 종업원에게 판매 및 서비스 활동에 대한 자신감을 갖게 하는 고객이라 할 수 있다.

'오늘 가망 고객을 찾지 못하면 내일 팔지 못한다No potential today, no sales tomorrow'는 말도 있듯 판매 영업 및 상담 활동에서 가망 고객을 찾아내는 일은 매우 중요하다. 다른 사업주와의 경쟁에서 앞서가는 것은 얼마나 많은 잠재 고객을 바탕으로 우량 가망 고객을 확보했는가에 따라 결정이 난다고 해도 과언이 아니다.

사실 점포나 매장에서 일하다 보면 구매는 하지 않고 상품만 보고 가는 이른바 아이쇼핑 고객을 많이 볼 수 있다. 그러나 이들도 엄연한 잠재 고객이다. 이들은 최신 유행 상품을 찾아 매장을 둘러보는 사람, 구매 계획은 있지만 당장 마음에 드는 상품이 없거나 마음에는 들었지만 예산 때문에 망설이는 사람, 때로는 시간이 부족해 그냥 가는 사람 등일 것이다.

이러한 아이쇼핑 고객들은 현재는 잠재 고객이지만 적절한 시기가 오면 가망 고객이 될 수 있다. 따라서 이들을 가망 고객으로 계속 확보하려면 새로운 상품과 서비스로 차별화된 서비스를 제공하여 흥미를 지속해야 하며, 가망 고객 발굴을 위한 영업 전략도 더 구체적이고 실질적으로 짜야 한다.

상품을 사지 않더라도 매장을 둘러보는 아이쇼핑 고객들에게는 무조건 반갑게 인사하라. 아이쇼핑 고객이라고 홀대하거나 불친절하게 응대해서는 안 된다. 점포의 목표는 이들을 신규 고객으로 유치하는 것이며, 궁극적으로는 단골 고객을 얻는 것이기 때문이다. 오늘은 아이쇼핑으로 그친 고객이지만, 한 번만 오고 끝내게 해서는 안 된다. 아이쇼핑 고객이라도 편안한 마음으로 매장을 둘러보고 상품을 살펴보게 하라. 그리고 그들이 두 번, 세 번 자꾸 찾아오게 하라.

45 | 한 번 온 고객은 고객 리스트에 꼭 기재하라

살아 있는 고객 명부 만들기

고객의 욕구를 기대한 대로 만족시키려면 고객 명부가 중요하다. 항상 새로운 고객 리스트를 보충하고, 고객 명부를 바탕으로 고객과 접촉해가면서 쓸모없어진 리스트는 삭제해나가야 살아 있는 고객 명부를 만들 수 있다.

가망 고객 명부는 기존의 고객 리스트 등에서 새롭게 가려내서 모은 고객들로 구성한다. 이들은 점포의 입지 사정을 기준으로 선별되기 때문에 기존 고객과 달리 전혀 모르는 사람들이다. 따라서 일정 기간을 정해놓고 계속 접촉을 하고 별다른 반응이 없으면 과감하게 삭제한다. 예를 들어 행사 안내문을 발송했지만 3회 연속 내점하지 않았다든지, 구매 고객 명부에서 일 년 동안 한 번도 체크되지 않았다면 삭제하는 식으로 정리한다. 다만, 가망 고객은 그 점포의 장점을 모르는 사람들이므로 점포를 이해시키기 위해 일반 고객들과는 다른 특별한 접근 방법이 필요하다. 그렇게 노력을 계속해보았는데도 반응이 없으면 삭제한다.

고객 명부에 기재된 고객은 한 번 이상 점포에 내점해 상품을 구입하거나 서비스를 받은 고객들이다. 따라서 삭제하기 전에 다시 한 번 점포를 찾아오게 할 방법을 개별적으로 파악해 실시한다. 예를 들어 고객 명부의 구매란에서 신용카드 이용 상황, 판매원별 담당 고객 명부 등을 점검한 결과 내점이 뜸해졌다고 판단되면, 바로 계절 인사와 근황 보고를 겸한 전단DM, direct mail을 발송하는 것이다.

항상 매력 있는 상품을 구비하고, 쾌적한 고객 공간과 차별화된 매너로 고객을 응대하는 좋은 점포를 만들기 위해 노력하는 것은 사업주로서 당연히 해야 할 일이다. 따라서 내점이 뜸하다 해도 인내심을 갖고 특별 세일 이벤트 등을 적절히 실시해 고객들이 다시 내점할 수 있게 동기를 만들고, 고객과 접촉을 계속 시도해야 한다. 그리고 고객 명부를 활용한 DM 작전으로 간접적인 접촉을 계속하면서 불필요한 명단을 정리한다.

만약 일정 기간(약 2년) 구매 고객 명부에 한 번도 이름이 오르지 않았거나, 고객 명부의 구매란과 신용카드 사용이 일정 기간(약 1년) 정지되어 있거나, 전시회 등 안내장을 보내도 일정 회수(약 5회)이상 계속 내점하지 않는 등 세 조건에 모두 해당하면 정리를 한다. 또한 DM을 발송해서 수취인 부재로 3회 이상 반송되었을 때도 정리한다.

한편 고객층이 폭넓은 점포는 연령대별 명부를 만드는 것이 효과적이다. 나이 외에도 직업이나 취미 등 점포의 특성에 맞는 다양한 분류법을 개발해 고객 명부를 만들고, 고객의 반응을 살피면서 유용하게 활용하는 것은 점포 운영의 최대 자산이 될 것이다. 즉 살아 있는 고객 명부를 만드는 노력이 고정 고객을 만든다.

한 번 온 고객은 고객 리스트에 꼭 기록하라

고객이 누구인지, 어떤 사람인지 아는 것은 마케팅의 ABC와 같다. 특히 믿을 수 있는 충성 고객이 누구인지 파악하는 것은 무엇보다 중요한 일이다. 고객들은 자신이 누구인지 파악하고 인정해주고, 자신들의 필요나 욕구를 충족시키려는 사업주나 종업원의 노력을 진심으로 높이 평가한다.

고객 명부는 이러한 노력의 중요한 수단이고 고객 관리의 기본이지만, 개인의 신상정보를 요청해야 하는 일인 만큼 신중하게 접근해야 한다. 어떤 고객들은 이름을 비롯한 관련 정보를 요청했을 때 편안하게 정보를 제공한다. 그러나 대다수의 고객은 이름과 주소를 가르쳐 달라는 요청을 불쾌하게 여겨 오해하거나 반감을 느낀다.

단골 관계를 쌓고 고정 고객으로 만들기 위해 고객의 이름이나 관련 정보를 묻고 그에 대한 답을 얻을 수 있는 것은, 고객이 사업주나 종업원과 동반자라는 의식을 느꼈을 때만 가능하다. 이를 위해서는 우선 점포에 방문한 고객에게 좋은 인상을 남겨야 하며, 고객에 대한 정보를 물을 때의 태도를 각별히 신경 써야 한다.

사업주나 판매 담당 종업원이 사무적으로 이름과 주소, 나이 등을 묻는 것은 기분 좋은 쇼핑을 망칠 수 있다. 고객 명부를 작성할 때는 고객에게 그가 정말 필요한 고객이라는 인상을 주며 성의 있게 정보를 얻어내야 한다. 능숙하고 노련한 프로 종업원으로서 일에 대한 열정을 보이고, 고정 고객이 되어주기를 간절히 바라는 마음으로 대할 때 고객은 마음을 연다. 사업주나 종업원의 고객 응대가 불손했다면 기술적으로 고객의 정보를 알아냈다 하더라도 아무 의미가 없다.

46 | 고객과 커뮤니케이션하는 다양한 방법

커뮤니케이션이란 한마디로 서로의 생각을 주고받는 것 즉, 통通하는 것이라 할 수 있다. 다시 말해 상대방과의 대화나 협상을 통해 원하는 것을 얻어내고 상대방과 메시지를 공감하며, 서로 원원win-win하는 것으로, 문서를 효과적으로 작성해 상사나 고객에게 보고하는 것까지 포함하는 말이다.

사람은 자신에게 관심을 보이는 사람을 좋아하게 마련이다. 이는 고객과 기업 또는 점포에도 그대로 적용된다. 결국 기업이나 점포도 고객에게 관심을 보여야 고객이 찾아온다는 뜻이다. 그러면 고객과의 커뮤니케이션은 구체적으로 어떻게 해야 하는가? 사업주나 종업원이 머릿속으로만 '우리 가게는 고객에게 관심이 있어요'라고 생각하는데 고객이 알아서 찾아와주지는 않는다. 무엇보다 고객에게 적극적인 커뮤니케이션을 시도해야 한다.

고객과의 커뮤니케이션을 하는 방법은 다양하다. 크게는 얼굴을 맞대고 만나는 직접 대면법과 광고나 기타 매체를 통한 간접적으로 만나는 매체 활용법, 그리고 선물 등과 같은 상품 이벤트 활용법이 있다.

먼저, 고객 관계는 처음 고객과 얼굴을 마주하고 인사하는 일에서 시작된다. 즉 이것을 얼굴 영업이라고 하는데, 이는 고객이 직접 점포를 방문했을 때나 영업 및 판매자가 직접 고객의 집을 방문했을 때 일어난다. 물론, 그 성과와 방법은 상황에 따라 다르다.

방문으로 얼굴 영업을 하는 데에는 두 종류가 있다. 하나는 상품의 PR이나 판매를 목적으로 한 판매 방문이고, 다른 하나는 영업을 완전히 배제한 인사 방문이다. 이러한 인사 방문은 고객이 느끼기에 '자산에게 관심을 보인' 무엇보다 큰 증거가 되어 기분을 좋게 만든다. 영업의 달인들은 이 점을 잘 알고 고객에게 정기적으로 얼굴 영업과 인사 영업을 한다. 실제로 영업 실적이 높은 사원일수록 인사 방문 횟수가 잦다.

다음으로 매체 활용법은 TV나 신문 광고를 이용한 방법, 전화를 통한 통신 영업, 엽서나 전단지를 통한 홍보 방법 등이 있다. TV나 신문 광고를 이용한 커뮤니케이션은 광고 매체를 사용해 영업한다는 점에서 네온사인이나 입간판 등과 동일한 효과가 있다. 그러나 이런 광고는 불특정 다수를 대상으로 한 광고이기에 시장 점유율이 큰 대기업은 큰 효과를 낼 수 있으나, 시장 점유율이 낮고 자금 규모가 작은 중소규모 업체에는 적합하지 않다. 소자본 창업과 같은 점포 영업에서는 판매 지역을 한정해서 국지전局地戰을 펴는 것이 효율적이다.

한편, 전화 영업은 먼 곳에 있는 새로운 고객을 영입하는 데 효과적이다. 다만, 짧은 시간 내에 정보나 인사를 나눠야 하는 단점이 있다. 엽서와 전단지는 고객이 부재중이더라도 횟수와 기간에 관계없이 정보를 제공할 수 있는 장점이 있는 반면, 고객이 엽서와 전단지를 선택해서 봐야 한다는 단점도 있다.

마지막으로 선물과 같은 상품 이벤트 활용법은 고객과의 인간관계를 돈독하게 다질 수 있는 최고의 방법이다. 또한 고객의 경조사를 챙겨 인간적인 친밀감을 유도할 수 있다. 그러나 오히려 이러한 상품 제공이 고객에게 부담을 줄 수 있으니 조심해야 한다. 그 외 음료, 식사 제공 등과 같이 간단하지만 의외로 큰 효과를 내는 커뮤니케이션 방법도 있다.

47 | 화가 난 고객에게는 무조건 양보하라

화난 고객을 우호 고객으로 바꾸는 방법

사업주나 종업원들이 양질의 서비스나 제품을 제공하기 위해 최선을 다했음에도 고객들이 마음에 들지 않는다고 화를 내는 일이 있다. 이렇게 고객들이 불만을 품어 화를 내고 항의할 때, 사업주나 종업원은 그들이 불만을 전달하는 방식이 아니라 불만의 내용에 관심을 가져야 한다. 이는 상품이나 서비스를 제공하는 사업주나 종업원이 가져야 할 필수적인 태도다.

화가 난 고객을 우호적인 고객으로 바꿀 수 있는 기술적인 방법은 다음과 같다.

• 고객의 분노를 다른 방향으로 이끌어라

화가 난 고객들은 대체로 사업주나 종업원이 잘 대응하면 처음보다 화가 누그러진다. 그러나 화를 돋우거나 무례하게 대하면 점점 격렬하게 화를 내게 된다.

분노의 첫 단계인 부정 단계에서 고객들은 "어떻게 이런 일이 있을 수 있어요?" 또는 "틀림없이 누군가 실수를 했을 거예요"라고 말한다. 그럴 때는 고객들을 이해시키기 위해 그들의 질문에 차근차근 대답하고, 가능한 한 많은 정보를 제공해야 한다.

분노의 두 번째 단계인 비난 단계에 이르면 상품이나 서비스 제공자들이 분노의 표적이 된다. "이런 일이 한두 번이 아니잖아! 늘 이렇다니까!"라며 고객들은 비난을 시작할 것이다. 이 단계에서는 변명이나 설명을 하기보다 그저 고객의 말을 듣는 것이 최상의 방법이다. 이런 상황에서 고객의 말에 불복하거나 그들의 말을 부정하는 것은 불에 기름을 붓는 격이다.

분노의 세 번째 단계인 협상 단계에서 고객들은 자신의 문제를 직접 해결하려고 하며, 화가 어느 정도 누그러져서 이성적이 된다. 이때가 바로 고객들과 힘을 합칠 절호의 기회다. 이때는 문제 해결에 중점을 두고 고객의 요구를 어떻게 받아들일 것인가에 초점을 맞추어 대화를 이끌어나가야 한다. 고객들은 문제를 당장 해결하겠다거나 앞으로 해결하겠다는 약속을 받으면 상황을 긍정적으로 받아들인다.

• 고객들과 보조를 맞춰라

고객이 화가 났다고 덩달아 화를 내면 안 된다. 그럴 때는 상대방의 격렬한 감정에 조심스러운 반응을 보이고, 지속적인 관심을 쏟아야 한다. 때로는 "몹시 화가 나신 것 같군요. 어떻게 도와드릴까요?"처럼 간단한 한마디로도 보조를 맞출 수 있다. 무엇보다 최대한 신속하게 문제의 핵심을 알아내야 한다.

• 적절한 말과 알맞은 때를 선택하라

적절한 언어 사용이나 때를 잘 맞추는 것만으로도 화난 고객에게는 효과를 발휘한다. 특히 고객들의 불만을 유발하는 "노력은 해보겠지만 장담할 수는 없습니다"와 같은 말은 쓰지 말아야 한다. 대체로 선명하고 단정적인 말이 "노력해보겠습니다"라는 무성의한 말보다 열 배 쯤 효과가 있다.

• 고객과 함께 문제 해결을 위해 노력한다는 것을 보여라

화난 고객들의 적대적인 감정을 우호적으로 바꾸려면 그들이 문제를 함께 풀어나가게 이끌어야 한다. 사업주나 종업원들이 고객과 공통적인 감정을 형성하는 데 도움을 주는 말로는 "화가 나신 이유를 알겠습니다. 하지만 이 문제를 함께 풀게 되어 기쁩니다", "문제를 저와 함께 살펴보시겠습니까?" 등이 있다.

• 친근하게 대하라

고객의 분노는 부분적으로는 관심을 얻고 싶어서 생기기도 한다. 이럴 때 목표한 대로 관심을 얻으면 더는 극단적인 태도를 보이지 않는다. 화가 난 고객에게는 사업주나 종업원이 먼저 이름을 알려주거나 명함을 건넨다. 그러면 고객들은 앞으로 참고할 만한 이름을 알게

되었다는 사실에 쉽게 안정을 되찾고, 친밀감도 느끼게 된다. 불만을 제기한 고객에게도 최선을 다해 돕겠다는 태도를 취하는 것이 바로 고객 중심의 응대 태도다.

이렇듯 수많은 고객과 거래를 하다 보면 상품이나 서비스뿐만 아니라 점포에 불만을 가진 고객들도 있기 마련이다. 그러나 이럴 때도 고객의 감성에 어떻게 대처하느냐에 따라 화나고 격앙된 고객을 충성스러운 고객으로 만들 수 있다. 다음의 예를 보자.

어느 가전제품 대리점의 사업주가 피자 전문점을 개업하는 고객을 만났는데, 고객은 개업 당일에 에어컨이 고장 나서 무척 화가 나 있었다. 고객의 불만을 한참 경청하던 사업주는 조심스럽게 이런 질문을 던졌다.

"저희가 어떻게 해드리면 고객님께서 만족하시겠습니까?"

고객은 먼저 에어컨 설치비 중 일부를 공제해달라고 했다. 사업주는 즉석에서 그 요구를 받아들이며 다시 물었다.

"다른 문제는 없으십니까?"

그러자 고객은 늦어도 오후 4시까지 모든 설비를 수리하라고 했다.

"가장 유능한 직원들을 이미 보냈습니다. 또 어떤 것을 도와드릴까요?"

마지막으로 고객은 개업 당일에 에어컨 가동 지연으로 불편을 겪은 만큼 자신에게 정중히 사과하라고 요구했다. 사업주는 자사 직원의 실수로 고객에게 불편을 준 점을 진심으로 사과했다.

이 사업주는 성난 고객을 다루는 숨은 공식을 잘 알고 있다. 다름 아닌 "저희가 어떻게 해드리면 고객님께서 만족하시겠습니까?"라는 첫 질문이다. 이를 통해 고객에게 잘못을 충분히 인정하고 있으며 잘못된 점을 시정하기 위해 노력하겠다는 뜻을 전해 우선 화를 누그러뜨린 것이다.

화가 난 고객에게는 무조건 양보하라. 화난 고객은 만족감과 승리감을 느끼기 바란다는 점을 기억하라.

48 | 같은 제품도 고객마다 설명을 달리하라

판매원의 고객 응대 자세와 판매 제시

고객 접근 단계에서 판매원의 접객 매너는 판매 효과 증대에 직접적인 영향을 준다. 판매를 담당하는 사업주와 종업원은 고객 응대 매너를 숙지하고, 판매 상담 시 유의 사항을 고려해 최상의 서비스를 제공해야 한다.

일반적으로 판매 및 상담에서 유의할 사항은 다음과 같다.

- 고객의 말을 경청하라.
- 판매 포인트를 적절히 활용하라.
- 통계나 도표, 팸플릿, 안내장 등을 활용해 고객의 시각에 호소하라.

- 고객이 판매원을 믿게 하는 화법을 사용하라.
- 유머를 활용해 유쾌한 분위기를 조성함으로써 고객이 친밀감을 느끼게 하라.
- 고객의 입장과 감정의 움직임을 재빨리 파악하라.
- 과장하지 말고 솔직하게 표현하라.
- 정치와 종교, 경쟁 점포 비방 등의 화제를 피하라.
- 호칭 용어를 파악해 적절히 사용하라.

한편 판매 담당자가 고객에게 상품을 설명하고 소개하는 판매 제시 방법은 다음과 같다.

- 상품의 특성을 적절하게 소개하라

모든 상품에는 그 상품만의 특징과 정보 등 사실적인 특성이 있다. 이는 상품을 소개하는 데 유용한 자료이기는 하나, 지나치게 전문적일 수 있으므로 상품 특성에 대한 장황한 나열은 피한다.

- 상품의 장점을 알려주어라

상품의 장점이란 각 상품의 특성들이 어떤 효용성을 가지고 있느냐를 말한다. 이러한 장점이 어떻게 고객들에게 도움이 되는지 보여주어야 한다.

- 상품의 이점을 말해주어라

상품의 이점은 상품의 장점을 개별 고객에게 어떻게 적용해 그 고객에게 이익이 되게 할지에 초점을 맞춘다. 즉 일반적인 상품의 장점이 특정 고객에게 어떻게 적용되는지를 찾아내는 것을 말한다. 판매 담당자는 상품의 특성을 설명하기보다는 그러한 특성이 고객에게 어떻게 이익이 되는지를 설명해야 한다.

같은 제품도 고객마다 다른 표현으로 설명하라

고객들은 저마다 생각이 다르고 성격도 다르다. 이런 특성에 맞게 판매 상담을 진행하면 실패할 확률이 적어진다. 또한 고객별 특성 유형을 사전에 잘 이해해두고, 고객 접촉 시 상대방 고객의 특성이 무엇인지를 빨리 파악하면 그만큼 판매 상담 시간을 효율적으로 활용할 수 있다.

우선 고객의 직업에 따라 특성을 파악하자. 자영업자인가 급여 생활자인가 아니면 전문직 고소득자인가 등에 따라 고객의 특성이 달라진다. 또한 연령대에 따라서도 특성이 다르다. 20대 후반의 고객들은 취직하여 소득이 처음 발생하는 시기로 결혼이나 취미 등에 관심이 많고, 30대와 40대는 주택 마련이나 자녀 교육 등에 관심이 많으며 사회 활동도 왕성하다. 40대 이후는 건강, 자녀 교육, 노후 대비 등에 특히 관심이 크다.

고객의 성별에 따라서도 흥미와 취향이 다르고, 구매 성향도 다르다. 한편 고객이 수다스러운 사람인지, 따지기 좋아하는 사람인지 아니면 말을 더듬는 사람인지 등 의사 표현 형태에 따라서도 특성이 다르므로, 이런 고객별 행동 특성을 이해하고 상황에 맞는 고객 응대와 판매 전략을 세워야 한다.

판매를 담당하는 사업주나 종업원은 이러한 고객 유형과 행동 특성 등을 고려하여 같은 제품이라도 고객마다 다른 표현으로 설명하며 판매 상담을 해야 한다. 즉 판매 상담을 시작하기 전에 고객의 직업, 연령, 성별 등에 따른 구매 의도와 기호도 등을 고려하고, 이에 따른 상품의 효용성과 기능상의 특성과 장점 및 이점 등을 고려해 전략을 세워야 한다. 그 뒤 고객의 특성에 맞게 친절히 설명하면 고객의 구매 과정을 돕고 판매 증대를 도모하는 데 효과적이다.

기본적으로 판매원은 '대기'에서 시작해 고객 응대 등 고객 '접근' 단계, 상품 판매 '제시' 단계 및 구매의 '결정' 단계에 이르기까지 관련 고객 응대 기술과 제반 사항을 숙지하여 고객의 구매 동기를 판매 결정으로 이끌어낼 수 있게 끊임없이 노력하고 준비해야 한다.

49 | 경쟁 점포에 대해 험담하지 말라

판매 상담 과정에서 피해야 할 화제와 내용

판매 상담 과정에서 피해야 할 화제와 내용으로는 정치와 종교 이야기, 고객의 약점이나 결점을 지적하는 것이 대표적이다. 아울러 동업자나 다른 경쟁 점포를 험담하거나 비방하는 말도 피해야 한다.

정치에 관한 의견은 고객에 따라 다를 수 있으므로, 고객의 입장을 모르면서 사업주나 종업원 자신의 생각을 말하면 불쾌하게 생각할 수 있다. 설사 고객이 먼저 이런 화제를 꺼내더라도 사업주나 종업원 자신의 입장을 명확하게 밝히지 않는 편이 안전하다.

종교에 대한 이야기도 민감한 화제다. 사업주나 종업원이 종교 문제에 대해 고객과 대립되는 의견을 말한다면 고객과의 관계가 악화되거나 와해될 수 있으며, 이후의 거래 관계에도 나쁜 영향을 미칠 수 있다.

사업주나 종업원은 고객에 대한 직접적인 험담은 물론이고 출신지나 출신 학교 등에 대한 일반적인 험담도 해서는 안 된다. 또한 경쟁 점포나 경쟁 사업주 등을 험담하거나 비방하면 오히려 고객들의 신뢰를 잃을 가능성이 크다. 또한 점포 내에서 상사나 동료에 대한 험담이나 비방은 인간성과 인격까지 의심받게 만든다.

경쟁 점포나 자기 점포의 비밀 사항 또는 관련된 사람들의 개인적인 문제를 화제로 삼으면 상대방 고객의 흥미를 끌 수는 있으나 신뢰를 잃는다. 그런 이야기를 들은 고객은 자신의 비밀도 다른 고객들에게 발설하지 않을지 의심하게 되기 때문이다.

경쟁 점포 험담은 절대 금물

소규모 점포에서는 우리 점포의 고객이 이웃에 있는 점포의 고객이기도 하고, 이웃에 있는 점포의 고객이 우리 점포의 고객이 되기도 한다. 이는 업종이 다를 때는 물론이고 동일 업종인 경쟁 점포라도 마찬가지다. 그렇게 서로 잘 아는 동네 고객을 맞게 되면 본의 아니게 이웃 점포의 이야기를 하는 상황이 종종 생긴다.

이때 고객이 이웃 점포나 경쟁 점포의 칭찬을 하면 사업주나 종업원은 그에 동조하면 그만이다. 문제는 자신들도 별로 좋아하지 않는 이웃 점포나 경쟁 점포에 대해 고객이 흉을 볼 때다. 이때 사업주나 종업원은 자신도 모르게 맞장구를 치기 쉬운데, 그런 마음을 자제하고 다음처럼 대응해보라.

　　고객 : "옆집 부동산 사장님은 자기가 재산이 많으면 많았지, 왜 남들한테 그렇게 자랑하는지 몰라요. 그러면서 왜 그렇게 인색한지, 게다가 사투리는 또 얼마나 심하다구요."

　　사업주, 종업원 : "그래도 그 사장님이 연말이면 불우이웃 돕기도 많이 한다네요. 아이들도 공부 잘하는 모범생이구요."

　　이웃 점포나 경쟁 점포의 이야기가 나오면, 고객이 뭐라고 하든 사업주나 종업원은 그들의 장점을 말하기 위해 노력하자. 비록 그 점포들과 친하지 않더라도, 누가 들어도 부담스럽지 않게 평균적인 이야기를 하는 것이 바람직하다. 고객이 오늘 우리 점포에서 이웃 점포나 경쟁 점포에 대해 좋지 않은 이야기를 한 것과 마찬가지로, 내일 이웃 고객이 이웃 점포나 경쟁 점포에서 우리 점포에 관한 좋지 않은 이야기를 할 수도 있기 때문이다.

　　아울러 동일 업종의 이웃 경쟁 점포들과는 협조자로 지내라. 물론 같은 상권 안에서 동일 업종의 경쟁 점포들과 친하게 지내는 일은 쉽지 않다. 하지만 그럴수록 서로 잘 지내야 과당 경쟁이라는 제살 깎아 먹기 식의 출혈 경쟁을 막을 수 있다.

　　이웃 경쟁 점포들을 경쟁자로만 생각하지 말고, 협력 점포들이라 생각하며 넉넉하고 열린 마음으로 받아들이자. 이때 경쟁자라는 의식 때문에 서로 상대가 먼저 인사를 하며 다가오기를 바라게 되는데, 보통은 나중에 개업한 점포의 사업주가 먼저 인사를 하는 것이 자연스럽다. 만약 개업을 준비 중인데 근처에 동일 업종의 점포가 있다면 먼저 가서 인사를 나누고 친해지라.

　같은 업종으로 같은 상권에 있다 해도 서로만의 노하우가 있기 마련이므로 지나친 경쟁심을 가질 필요는 없다. 경쟁 점포가 잘못되기를 바라기보다는 내 점포를 잘되게 할 방법을 찾아 연구하고 노력하는 것이 생산적이다. 단점은 서로 보완하고, 각자의 장점을 키워나가면 상생하는 좋은 협력자로 발전할 수 있다.

50 사소한 것 하나에도 신경을 써라

지속적인 관심과 작은 배려가 고객을 부른다

가망 고객의 신뢰를 얻는 빠르고 중요한 방법의 하나는 지속적으로 고객에게 관심을 갖는 일이다. 그 실천의 일환으로 고객에게서 자신에 대한 이야기를 끌어내는 것이 중요한데, 물론 한 번의 질문으로 만족스러운 대답을 듣기는 어렵다. 그러나 고객의 대답에서 이야기를 계속 끌어내고 물어보는 횟수가 반복될수록 고객의 답변도 구체적으로 바뀌게 된다. 고객은 자신에게 관심을 보이는 정도만큼 더 좋은 서비스를 해주리라 기대하기 때문이다.

고객이 다른 점포와 거래를 하고 있다면, 그 점포에 이어 우리 점포가 두 번째 대안이라는 사실을 인식시키는 것도 고객 유치의 중요한 밑거름이다. 이렇게 하면 거래하는 점포와 문제가 생겼을 때 그 대안으로 우리 점포를 선택할 확률이 크다. 이를 위해서는 꾸준히 끈끈하고 돈독한 거래 관계를 유지함으로써, 변화가 필요할 때 곧바로 사업주나 종업원을 떠올리게 해야 한다. 이것이 바로 지속적인 관심이다. 고객에게 끊임없이 관심을 보이고, 언제든지 도움을 청할 수 있다는 믿음을 주어 필요할 때 우리 점포가 가장 먼저 떠오르게 해야 한다. '눈에서 멀어지면 마음에서도 멀어진다'는 말처럼 고객과의 단골 거래를 위해서는 꾸준한 관심이 무엇보다 중요하다. 결국 지속적인 관심이 고객을 붙든다는 사실을 명심하라.

가망 고객의 신뢰를 얻는 또 다른 방법은 고객과 관련된 일이라면 작고 하찮은 것까지 빠뜨리지 않고 꼼꼼히 챙기고 배려하는 것이다. 고객을 유치하고 관리하는 비결을 크고 대단한 것에서만 찾으려고 하지 말자. 고객들은 이러한 배려에 고마움을 느끼고 감동을 받는다.

이 방법을 사용할 때는 고객과 관련된 모든 것을 하나하나 확인하고 검증하여 수행해야 한다. 어떤 업무나 활동이든 시작하기 전에 항상 육하원칙에 근거해서 '누가, 언제, 무엇을, 어디서, 왜, 비용은 얼마나?'라는 여섯 가지 의문을 제기해 확인하고 검증하는 과정을 거치자. 이러면 실행 계획의 완성도를 높일 뿐 아니라 가망 고객들에게 필요한 정보를 제공하는 역할도 할 수 있다.

고객과 관련된 일이라면 작고 하찮은 것까지 꼼꼼히 챙기고, 확인하고, 배려하라.

고객과 관련된 것은 모두 중요하게 생각하라

고객과 관련된 것은 아무리 작은 것도 가볍게 여기지 말아야 한다. 고객들 가운데 실수로 우산, 책, 서류 등을 점포에 두고 가는 일이 종종 있다. 이럴 때는 아무리 사소한 것일지라도 끝까지 챙기고 보관해야 한다.

사업주는 이에 대한 종업원 교육을 철저히 해야 한다. 사업주가 모르는 사이에 고객의 물건을 소홀히 하거나 몰래 가져간다면 고객에게 엉뚱한 오해를 받을 수 있다. 그리고 고객이 다른 고객이 두고 간 물건을 가져가는 일도 있는 만큼, 고객이 자리에서 일어서면 빠뜨린 것은 없는지 점검해야 한다.

또 다른 예로 계산을 정확하게 해놓고도 실수로 잔액을 더 적게 내주거나 더 많이 내주는 일이 있다. 전자의 경우 사업주가 그 사실을 알기 전에 고객이 먼저 지적한다면 이를 재빨리 확인한 뒤 정중히 사과하고 바로잡아야 한다. 납품 업체 등과의 결제 과정에서 이런 일이 생겼을 때, 당일 계산을 마감해서 맞추어볼 테니 내일 다시 와서 확인하라는 식의 처리는 올바른 고객 응대 태도가 아니다. 반대로 고객이 계산할 금액보다 적게 지불하고 이미 가버렸다면 우리 점포의 실수이므로 문제 삼지 않는 것이 좋다.

2005년부터 실시된 현금 영수증 제도는 고객이 5천 원 이상 현금 결제를 할 때 본인 확인이 되면 그 내용이 국세청에 자동 통보되고, 근로 소득자라면 연말 소득공제와 복권 당첨의 혜택을 누릴 수 있는 제도다. 슈퍼마켓에서 샴푸 하나를 사고 현금 영수증을 챙기는 알뜰

족도 많지만, 아직도 상당수의 고객은 망설이며 그냥 지나치는 일이 많다. 이럴 때 현금 영수증 가맹점은 고객들이 요구하기 전에 알아서 현금 영수증을 챙겨주고, 고객이 이에 대해 잘 모른다면 그 활용 방법이나 혜택을 설명해주어야 한다. 귀찮아하기는커녕 고객을 먼저 생각하는 이런 배려에 고객은 감동을 받는다.

고객과 관련된 것은 아무리 작은 것이라도 가볍게 여기지 말고, 소액 현금 영수증 하나까지 신경을 쓰는 자세로 임하자.

51 | 고객을 줄서게 만들지 말라

기다림의 심리학—고객 대기 관리의 8원칙

대기행렬 waiting-line 은 서비스를 받기 위해 기다리는 사람들의 줄을 의미한다. 이는 현재의 수요와 공급이 완전한 일치를 이루지 못한 결과로, 대부분은 고객의 수요가 점포의 서비스 능력을 초과할 때 발생한다. 즉 고객이 내방하는 시간이 다양하고 예측하기 어려우며, 고객별로 서비스 시간이 다르다는 등의 이유로 나타나는 현상이다.

이러한 고객의 기다림, 즉 대기행렬은 서비스가 있는 곳이면 어디서나 보편화되어 이제 피할 수 없는 현상처럼 나타나고 있다. 음식점이나 은행 창구, 지하철, 병원 등에서 고객이 서비스를 받기까지 기다려야 하는 대기 시간은 고객으로서는 별로 유쾌하지 않은 일이다.

영국의 경영학자인 데이비드 마이스터 David H. Maister 가 제시한 대기 시간과 고객이 느끼는 심리적 시간의 관계는 매우 흥미롭다. 대기행렬이 불가피한 서비스 업체들은 이를 역이용해 대기의 심리적 비용을 최소화할 수 있으며, 그 결과로 유리한 경쟁 입지를 확보할 수 있다. 그는 고객의 대기 시간을 효과적으로 관리하여 만족을 주려면 다음의 8원칙을 알아야 한다고 제시한다. 이는 결국 고객이 심리적으로 더 길게 느끼는 대기의 심리적 상황을 열거한 것이다.

- 아무 일도 못 하고 가만히 있는 상태에서 대기할 때
- 구매 중 대기가 아닌 구매 전까지의 대기 상황
- 강렬히 원하는 상태에서 대기할 때
- 예상 대기 시간을 알지 못할 때
- 지연되는 이유를 알지 못하고 무작정 기다릴 때
- 대기 시간에서 남보다 불이익을 받는다고 느낄 때
- 기다려봤자 소용없다고 생각하며 기다리는 자포자기식 대기
- 대기행렬 내에서 유일한 대기자일 때

사업주나 종업원은 이러한 대기의 심리학적 측면을 이해함으로써 고객을 이해해야 한다. 그리고 이러한 대기행렬을 적절히 활용해 기다리는 고객을 위한 서비스 방안을 연구해야 한다. 가령 신문이나 잡지 제공, 대형 TV 설치, 대기 상황에 대한 안내방송 등이 많이 쓰이는 방법이다.

기다리는 고객에게 관심을 기울여라

일부 레스토랑은 고객들에게 예상 대기 시간보다 더 많이 기다려야 한다고 알려준다고 한다. 만약 고객들이 그 시간을 기꺼이 기다리겠다고 동의하면, 약속된 시간보다 빨리 서비스를 받음으로써 훨씬 기분 좋게 식사를 시작한다는 것이다. 이처럼 고객의 기대 수준을 적절히 관리하고 그러한 고객의 기대를 충족시키면 고객 만족을 달성할 수 있다.

그러나 대기행렬 관리에서 무엇보다 중요한 것은 기다리는 시간이 고객에게 합리적으로 보여 보여야 한다는 점이다. 그리고 공정한 순서로 우선순위를 제공해야 하며 기다리는 시간에 대한 정보도 확실하게 제공되어야 한다.

서비스의 수요와 공급을 맞추기 위해 사업주가 실시할 수 있는 대기행렬 관리 방법은 다음과 같다.

- 서비스 수요 조정
  - 수요가 적을 때는 가격을 싸게 하고, 많을 때는 가격을 비싸게 하라. 영화관의 조조할인 요금이 대표적이다.
  - 비수기 때도 수요를 늘리는 프로그램을 개발하라. 여행사에서 휴가철을 피해 여행을 하고 싶어 하는 고객들을 위해 프로그램을 개발하는 것이 여기에 속한다.
  - 기다리는 고객들을 위한 보조 서비스를 개발하라. 예를 들어 레스토랑에서 대기 고객들을 위해 칵테일 라운지를 운영하거

나, 현금자동지급기가 있는 은행이 안락한 의자와 조명 등 편
안한 대기 장소를 제공하는 경우를 들 수 있다.
  – 예약을 받으라. 병원, 항공사, 호텔 등의 예약 제도가 그 예다.

• 서비스 공급 조정
  – 수요가 많을 때는 임시 직원을 고용하라.
  – 대기하는 동안에도 서비스 제공을 시작하거나 셀프 서비스를
    시행하라. 레스토랑에서 주문을 먼저 받거나 음식이 나올 때
    까지 직접 샐러드를 담아 오게 하는 것, 슈퍼마켓에서 고객이
    산 물건을 스스로 봉지에 담게 하거나, 고객 카드 또는 설문지
    등을 작성하게 하는 것이 여기에 속한다.
  – 서비스 시설을 공동으로 이용하게 하라. 병원에서는 대기 환
    자가 많을 때 다른 병원으로 일부 검사를 의뢰하거나 서로 기
    기나 시설을 지원한다.

고객이 서비스를 받기 위해 기다리는데 종업원들이 다른 일을 하느
라 바빠 신경을 쓰지 않는다면 고객의 눈에 어떻게 비치겠는가? 고객
을 언제까지 기다리게 할 것인가? 고객은 가까운 시일 내가 아니라
지금 당장 문제를 해결해주기 바란다. 특히 신규 고객일 때는 어떻게
든 기다리는 시간을 줄여야 한다. 상황이 불가피할 때는 기다리는 시
간을 기분 좋게 만들기 위해 노력해야 한다.

계절이 바뀔 때 고객에게 엽서를 보내라

'한 번 상품을 구매한 고객을 잊어서는 안 된다. 동시에 고객에게 서 잊혀서도 안 된다.'

이는 고객을 끌어 모으는 힘이 약하고, 내점 고객의 수가 적은 점포가 반드시 기억해야 할 말이다. 한 번 상품을 구매한 고객을 처음 한 번으로 끝나게 해서는 안 된다. 점포의 상품과 서비스가 마음에 들면 그 고객은 고정 고객이 되어 다시 그 점포를 찾게 마련이다. 더구나 한 명의 고객은 단 한 명으로 끝나지 않고, 다른 고객에게 그 점포에 대해 입소문을 퍼뜨리거나 때로는 직접 소개하기도 한다. 고객 한 명 한 명을 우리 점포의 우호적인 고객으로 만들기 위해 최선을 다해야 한다.

　이러한 시도는 신규 고객을 찾는 것보다도 훨씬 경제적이다. 입소문을 내주고, 새로운 고객을 소개하는 일은 고객 자신이 적극적으로 협력하는 것이므로 이보다 효율적인 영업은 없을 것이다. 따라서 무엇보다도 고객과의 관계를 돈독하고 끈끈하게 만드는 것이 중요한데, 이러한 일대일 고객 관리에 효과적인 방법으로 엽서 보내기가 있다.

　고객에게 일 년에 몇 번 정도 정기적으로 성의 있는 엽서를 보내면 고객은 사업주나 종업원 그리고 그 점포를 잊지 않을 것이다. 다케다 요이치는 《고객을 감동시키는 엽서 한 장》에서 엽서 영업의 장점을 이렇게 설명한다. 엽서 영업은 직접적으로 고객과 접하는 얼굴 영업이나 전화 영업과는 조금 다르다. 얼굴 영업이나 전화 영업은 고객이 부재중이라면 소용이 없지만, 엽서 영업은 고객이 부재중이더라도 나중에 반드시 읽어주기 때문이다.

　엽서 영업의 또 다른 장점은 엽서를 쓰는 시간이 언제든 그동안에는 언제나 고객과 커뮤니케이션을 한다는 것이다. 편지를 쓰는 시간대는 고객의 사정에 관계없이 이른 아침이나 밤늦게도 가능하며, 주말이나 공휴일이라도 상관없다. 그리고 장문의 편지를 일 년에 한두 번 보내기보다는 짧은 문장이라도 횟수를 늘리는 편이 인간관계를 돈독히 하는 데 좋다.

　사람들은 편지나 엽서 보내기는 손이 많이 가고 귀찮다고 생각해서 잘 하지 않는다. 요즘은 이메일이나 홍보용 전단지를 활용하지 손수 편지나 엽서를 보내는 일이 드물다. 그러나 드물기 때문에 오히려 더욱 인상적이고 큰 효과를 낼 수 있는 것이다.

가을엔 편지를 하겠어요

정성을 담은 엽서를 보내는 또 다른 이유는 고객과의 만남을 좀 더 특별한 관계로 유지하기 위해서다. 고객 관계는 고객이 상품을 구입하고 종업원에게 대금을 지불하면서 시작된다. 이 단순한 만남을 그대로 그치게 하지 않고 인간적인 관계로 공고히 하려면 정성과 노력을 보여야 한다. 판매 이후에도 점포 판매든 현장 영업이든 끊임없이 고객에게 판촉 활동을 하고, 끈끈하고 인간적인 고객 관계를 유지할 수 있게 하는 것이 장기적인 안목을 가진 자세다.

새로운 점포가 속속들이 생겨나 고객을 유혹하는 오늘날, 고객을 찾아 만나는 얼굴 영업은 고사하고 정기적으로 전화를 하거나 엽서도 보내지 않는다면 아무리 유명하고 오래된 점포라도 고객이 줄어들고 잊힐 것이다. 이렇게 고객에게 잊히지 않게 노력하는 방법 중 가장 강력한 것은 직접 고객을 찾아가 접근하는 얼굴 영업이다. 그것도 판매 목적이 아닌 인사나 안부 방문이 가장 인상에 남는데, 정기적으로 인사 방문을 한다면 고객들과 끈끈하고 인간적인 관계를 유지할 수 있다. 그러나 경영 사정이나 업종에 따라 그리고 지역적 제약이나 고객의 상황에 따라 이를 실행하기 어려운 경우도 많다. 엽서 보내기는 그럴 때 가장 효과적으로 실행할 수 있는 방법이다.

엽서 영업은 방문 판매와 같은 얼굴 영업에 비해 고객에게 전해지는 인상은 약하지만, 저렴한 비용으로 더 많은 고객을 대상으로 할 수 있다. 그리고 거리에 상관없이 비슷한 노력과 비용으로 많은 고객과 끈끈한 고객 관계를 유지할 수 있다는 장점이 있다.

물론 연말이나 연초에 보내는 연하장, 생일이나 결혼기념일 등 각종의 기념일에 보내는 축하 엽서, 업무상 보내는 이메일, 그리고 판매 목적의 영업 편지 등이 있지만, 한 걸음 나아가 정성이 담긴 엽서를 정기적으로 보내는 것은 당신과 당신의 점포를 특별하게 만들어준다. 계절이 바뀔 때, 고객에게 엽서를 보내보라. 그리고 엽서 한 장이 고객을 감동시킨다는 사실을 기억하라.

4 단계

영원한 고객으로 만드는 경영 전략

52 | 휴대전화 문자 하나도 서비스다

고객 서비스, 왜 중요한가

근래 들어 고객 만족, 고객 지향을 외치는 기업이나 점포들이 눈에 띄게 늘어나고 있다. 상품을 값싸게 만들어 많이만 팔면 되던 과거와는 경영 마인드 자체가 다르다. 기업들은 지금까지의 판매 방식을 바꾼다든지 종업원의 훈련과 보상 그리고 인력 관리 등에 이르기까지 새로운 변화와 혁신을 통해 많은 노력을 기울이고 있다. 1980년대가 고품질, 저가격 경쟁의 시대였다면 1990년대 이후 현재는 이른바 고객 서비스 경쟁의 시대라 해도 과언이 아니다.

고객 서비스란 무엇일까? 그리고 이러한 고객 서비스 경쟁의 시대에 가장 소중한 마케팅 전략은 무엇일까?

고객 서비스란 사업주나 종업원이 고객에게 제공하는 무형의 행위 또는 활동을 말한다. 즉 고객 서비스도 제품처럼 하나의 상품으로, 서비스 품질의 만족을 위해 고객에게 지속적으로 제공되는 모든 활동을 의미하는 것이다. 이런 고객 서비스는 만질 수 없고, 생산과 소비가 동시에 행해지며, 품질이 고르지 않고, 저장할 수 없다는 특징이 있다.

고객 서비스의 중요성은 서비스업뿐만 아니라 제조업에서도 마찬가지다. 서비스업과 다르지 않게 제조업에서도 고객과의 접점에서 전달되는 서비스의 질이 고객 만족을 자극하는 핵심 요소이기 때문이다.

고객과의 접점에서 전달되는 서비스의 질은 정도의 차이는 있지만 고객에게 이를 제공하는 종업원들의 행동에 의해 거의 좌우된다. 따라서 이들에 대한 효과적인 관리와 지원 시스템 확보가 마케팅의 중요한 과제다. 이렇게 해서 서비스에 만족한 고객은 다시 구매하는 고객이 될 뿐만 아니라 새로운 고객을 낳는다. 그리고 그러한 과정이 자연히 기업을 성장시키는 원동력으로 작용한다. 서비스는 한 사람 한 사람의 고객 만족이 판매를 촉진하고 매출을 향상시키며, 특히 입에서 입으로 전해지는 구전 활동이 무엇보다 큰 힘을 발휘한다.

휴대전화 문자 하나도 서비스다

최근의 마케팅 환경은 무선 인터넷이라는 움직이는 인터넷 기술을 매개로 엄청난 속도로 변화하고 있다. 모바일 마케팅 서비스를 통해 실시간으로 고객과 교류하고, 동시에 사용자 제작 콘텐츠_{UCC, User}

Created Contents와 같이 생산자와 소비자가 합쳐진 프로슈머가 이런 환경을 이끌어가고 있다.

이러한 변화 가운데 전자우편, 즉 이메일은 이제 가장 보편적인 커뮤니케이션 수단으로 자리를 잡았다. 어느 사업주는 최근 들어 하루에 받는 이메일이 거의 200통에 육박한다고 한다. 그러나 대부분은 굳이 읽어보지 않아도 되는 것들이어서 스팸메일로 간주해 바로 휴지통에 버리는 경우가 많다고 한다.

이런 상황은 인터넷을 이용하는 사람이라면 그리 다르지 않을 것이다. 따라서 전자우편을 활용해 고객에게 이메일을 보낼 때는 특히 친밀한 관계를 부각하는 제목과 함께 내용을 간략하고 보기 좋게 꾸며야 한다. 그리고 메일을 보내기 전에 미리 동의를 구하는 것이 효과적이고, 스팸메일이 되지 않게 방지하는 방법도 된다.

이메일과 더불어 휴대전화도 이제 우리의 생활 속에 완전히 자리를 잡아, 잠잘 때 외에는 언제나 가지고 다닌다. 신문이나 TV와 달리 쉽게 휴대할 수 있는 휴대전화는 항상 고객이 될 수 있는 잠재 고객에게 원하는 시간에 대화나 메시지 발송 등으로 정해진 마케팅 활동을 할 수 있게 해준다. 사업주나 종업원으로서는 대단히 유용한 마케팅 도구라 하겠다.

세계적으로 모바일 산업이 가장 발달한 핀란드에서는 십대 청소년들이 옷을 사는 데보다 휴대전화 문자메시지 서비스를 이용한 커뮤니케이션에 더 많은 돈을 사용한다고 한다. 이렇게 젊은 층이 이끄는 모바일 인터넷 시장은 이제 30~40대의 연령층에도 급속하게 번지고 있다.

　사업주나 종업원들은 정보의 휴대성이라는 휴대전화의 특성을 십분 활용하여 고객 서비스 제공 등 다양하고 광범위한 마케팅 활동을 펼쳐야 한다. 이미 신상품 안내나 이벤트 정보, 상품 주문에 대한 배송 조회 등 여러 서비스 용도로 휴대전화가 사용되고 있다. 여기서 나아가 고객에게 따뜻한 정성이 담긴 안부 문자를 보낸다면 고객은 인간미를 느끼며 감동할 것이다. 휴대전화 문자 하나도 고객을 만족시키고 감동을 줄 수 있는 서비스다. 이를 고객 서비스를 제공하는 데 적극 활용하라.

53 | 변화 적응은 기업 생존의 요건

오늘날 우리는 모든 것이 점점 더 빨리 변하는 시대에 살고 있다. 이러한 변화들은 정보화, 소프트화, 서비스화, 세계화 등 여러 용어로 표현되는데, 급속한 기술의 발전, 세계화, 자주 바뀌는 유행 등이 이런 현상을 가속화한다고 할 수 있다. 미래학자들은 21세기를 변화와 경쟁의 시대라 부르면서 제3의 물결, 불확실성의 시대, 단절의 시대, 메가트렌드 등 여러 모습으로 예측하고 있다.

환경의 변화보다 더 빨리 배우고 적응하는 생물만이 살아남을 수 있다는 것이 자연법칙이다. 마찬가지로 경영학자들은 앞으로는 환경이 변화하는 속도만큼 빠르게 적응하는 기업만이 살아남을 것이라고 한다. 다시 말해 기업도 변화하는 시장 환경에 능동적으로 적응하고 끊임없이 변신해야 표류하는 일 없이 성공할 수 있으며, 지속 가능한 경영도 가능하다는 말이다. 이제 속도와 적응은 기업의 생존 요건이다.

대표적인 사례로 1997년 말의 IMF 외환위기 이전과 이후의 국내 은행을 보면, 환경 변화에 대응하는 것의 중요성을 확실히 알 수 있다. 그 당시 십여 개나 되던 주요 시중 은행들 가운데 지금까지 이름이 유지되는 은행은 서넛에 불과하다. 나머지는 자체 생존이 어려워 공적자금 투입 후 합병되거나 퇴출, 매각 등으로 재편되었다. 또한 일반 기업도 1970년대의 10대 기업 가운데 현재까지 남아 있는 기업은 손꼽을 정도다.

시장은 끊임없이 변화한다. 변화는 새로운 사업의 기회를 제공하기도 하고, 기존 산업의 몰락을 재촉하기도 한다. 변화를 두려워하고 기존 방식만 고수하면 더 이상 생존할 수 없다. 항상 시장의 움직임을 민감하게 파악하고 변화 추세를 예상해야 한다. 시장의 변화는 결국 소비자의 변화를 의미하므로 이를 염두에 두고, 소비자들의 변화에 맞춰 기업도 스스로 변해야 한다.

변화에 대한 예측과 극복을 통한 끊임없는 변신은 앞으로도 기업 경영의 지속적인 과제일 것이다. 변화는 기업의 성패와 존립을 결정 짓는 중요한 요소인 만큼 이를 적극적으로 수용하고 관리해야 한다. 요컨대 개선과 혁신을 지속적으로 이루어나가는 기업만이 생존할 수 있다. 삼성그룹의 이건희 회장은 "마누라와 자식만 빼고 다 바꿔라"라는 말로 변화의 중요성을 역설했고, 그 결과 삼성그룹은 세계적인 반도체 회사로 우뚝 섰다. 또한 미국의 제너럴일렉트릭GE은 세계 1위 부문을 뺀 나머지 사업 부문을 전부 매각하는 혁신적인 방법으로 세계 최고의 위치를 유지하고 있다.

오늘날 급변하는 기업 환경에 적응하고 지속적으로 생존하고 발전하려면 먼저 인적 자원인 경영자와 종업원부터 변해야 한다. 그리고 변화된 이들이 조직 문화와 전략 등을 변화시키고 혁신해야 한다. 이러한 변화에는 언제나 강한 저항이 따르기 마련이므로, 강한 자기 확신과 의지력, 인내심을 구비해야 한다.

54 | 불황기를 극복하는 기업 경영 전략

외국 기업의 불황 극복 사례

영국의 경제 전문지 《이코노미스트 *The Economist*》는 2003년 4월 5일자(제 367호) 특집으로 경기침체 와중에도 승승장구하는 일본과 독일의 기업 사례를 집중 분석했다. 그 내용을 살펴보면, 생산과 판매의 75퍼센트 이상을 미국 시장에서 해결하는 일본의 자동차 회사 도요타와 닛산 은 불황으로 침체된 내수시장 대신 해외로 눈을 돌리는 세계화 전략 으로 놀라운 실적 회복을 거두었다.

핵심 사업 부문에 대한 집중도 경기 침체를 이겨내는 비결이다. 세 계적 엔지니어링 기업인 지멘스 Siemens 는 지난 1990년대 사업 확장에 나서는 경쟁사들과 달리 사업 부문을 과감히 정리, 엔지니어링 사업 에 집중함으로써 경쟁사들이 고전하는 동안 지속적인 성장을 누리고 있다.

사업 다각화 등 무리하게 사업을 확장하는 것은 경기 둔화 시 큰 짐이 된다. 월드컴World Com이나 엔론Enron, 비방디Vivendi 등은 모두 유망 사업에 눈을 돌린 것이 화근이었고, 운송과 관련한 여러 부문으로 사업을 확장한 포드는 최근 생존을 위해 허덕이고 있다.

비즈니스 프로세스 혁신도 중요하다. 일본의 편의점 업체인 세븐일레븐은 고객 관리 정보 시스템을 혁신함으로써 내수에만 의존하는 소매업체의 한계를 극복했다. 또한 경비 절감을 종교적 수준으로 숭배하는 일본의 생활 용품 업체인 카오나, 현금 유동성 감시를 늦추지 않는 캐논의 재무구조에 대한 철저한 감독도 침체를 이겨내는 기업의 미덕으로 꼽히고 있으며, 미래를 위한 연구 개발R&D 투자도 간과할 수 없는 불황 극복 전략으로 인식된다.

불황기를 경쟁력 향상의 기회로 활용하라

일반적으로 경영자는 기업 목표를 달성하기 위해 유리한 외부 환경을 선택하고 그 속에서 생존할 수 있는 내부 능력을 키워나가야 할 최고 관리자다. 따라서 경기 불황 속에서도 이를 경쟁력을 향상할 또 다른 기회로 활용할 줄 알아야 한다. 이제 국내 경영자들은 직면한 불황을 슬기롭게 극복해야 한다. 단순히 나쁜 경기만 탓하지 말고, 불황이 과연 기업들에게 나쁘기만 한가를 다시 한 번 생각하고 지혜를 모아야 한다. 기업 경쟁력의 진정한 힘은 불황을 버텨내는 경영 전략에 좌우되므로, 특히 규모가 작은 중소기업이나 소상공인들은 다음과 같은 점을 고려하며 전략을 추진해야 한다.

첫째, 핵심 제품과 우량 고객 집중 관리가 우선되어야 한다. 불황기의 생존은 경쟁력 있는 제품과 우량 고객 보유 여부에 달려 있으므로, 이익 기여도가 낮은 제품은 정리하고 우량 고객을 집중 관리함으로써 경쟁 우위 상품 중심으로 마케팅 능력을 집중해야 한다. 또한 낭비와 비효율을 제거해 핵심적 역량 개발에 집중해야 한다. 장기적으로 수익성을 기대하기 어렵거나 시너지 효과가 없는 한계 사업은 구조조정하거나 분사하는 것이 바람직하다. 불황기에는 기업 생존이란 차원에서 볼 때 중소기업에도 구조조정 전략이 설득력을 가진다.

둘째, 불황기에는 유동성을 높이는 자산 관리와 핵심 역량 증진을 위한 투자를 해야 한다. 비업무용 자산 매각은 물론 업무용 자산이라도 리스 방식을 활용해 매각한 뒤 다시 임대하는 방식을 택해야 한다. 많은 유형 자산을 소유하면 기업이 더 많은 리스크에 노출되기 때문이다. 대체로 자본력이 약한 중소기업이나 소상공인들은 될 수 있는한 자산 취득을 지양하고 기업 투자도 브랜드나 인재 양성 등 핵심 역량 증진에 집중해야 한다.

셋째, 효과적인 고객 니즈 파악과 불황기에 적합한 상품 개발, 마케팅 전략 추진이 중요하다. 불황기에도 때로는 과감한 구조조정뿐만 아니라 새로운 탈출구로서 신상품과 모델을 개발하는 등 공격적인 전략이 효과적일 수 있다. 따라서 불황기에 적합한 고객 니즈 파악과 함께 적극적이고 과감한 마케팅 마인드, 이에 상응하는 전략 및 전술 개발이 뒤따라야 한다.

넷째, 경쟁 업체와의 전략적 제휴 등 불황 극복을 위한 차선의 전략을 마련해야 한다. 중소 제조 기업들은 특히 제품 판매만이 이익을 창출하는 유일한 방법이 아님을 인식하고, 주문자 상표 부착 방식OEM을 통한 제품 생산이나 특허 또는 영업권 양도, 전략적 제휴나 인수합병M&A 등도 차선 전략으로 적극 활용할 수 있어야 한다.

다섯째, 경기가 좋지 않을수록 중소기업 경영자는 긍정적인 리더십을 보여야 한다. 매출이 부진하다고 경영자가 비관적인 모습을 보이면 조직 구성원들은 더 불안해져 생산성이 떨어지고, 그러한 분위기에서는 불황 타개의 창의적인 생각이 나올 수 없다.

보통 경기가 좋지 않으면 제일 먼저 내세우는 것이 경비 절감이다. 하지만 불요불급한 경비를 줄이더라도 구성원들이 긍정적인 자세로 일할 수 있게 사기를 북돋아주는 데는 아낌없이 투자하는 긍정적인 리더십을 발휘하는 것을 잊지 말아야 한다.

55 │ 수요자 중심의 고객 참여 마케팅

디지털 환경과 고객 참여 마케팅

오늘날 우리는 초고속 통신망이 보편화되고 PC, 휴대전화, 디지털 TV 등의 정보단말기를 통해 수요자와 공급자가 쉽게 실시간으로 상호 작용하는 디지털 환경 속에 살고 있다. 한편으로는 공급자가 일방적으로 제품과 서비스 광고 등을 불특정 다수의 잠재 고객을 대상으로 판매하기보다, 고객의 요구에 따라 공급하고 고객과 공급자가 밀접하게 상호 작용하는 마케팅 Interactive Marketing 이 속속 등장하고 있다.

흔히 마케팅은 고객의 수요를 예측해 상품과 서비스를 경쟁 기업보다 더 효율적으로 전달하려는 공급자 측면의 마케팅을 의미한다. 이른바 공급자 마케팅의 위험은 수요의 불확실성이 높을수록 증가한다고 할 수 있다. 따라서 공급자는 위험에 따르는 비용을 보상하기 위해 수요자에게 고가격을 요구하는 경향이 있다. 수요자가 공급자의 제시 가격을 수용하지 않으면 공급자는 가격을 인하하거나 재고로 보유해야 한다.

이때 시간의 경과에 따라 제품의 가치가 상실되는 부패성 재고라면 비용을 최소화하기 위해 저가격으로 처분해야 한다. 이런 이유로 공급자 마케팅에는 판매 실현을 위한 고객 관계 관리CRM 제도가 도입되고 있다.

한편 수요자 마케팅은 수요자가 무엇을, 언제, 얼마나, 어떤 조건으로 구매할 것인가를 정확하고 충분한 시간적 여유를 두고 공급자들에게 알려주고, 공급자들 상호간의 경쟁을 통해 유리한 구매를 실현하려고 한다. 수요자가 정확한 구매 정보를 제시한다면 공급자는 다양한 방법으로 공급 원가를 인하하고 품질을 향상하는 방법을 강구할 수 있다.

최근 들어 등장하는 고객 참여 마케팅은 고객이 가격을 제시하면 그 가격에 제품이나 서비스를 제공할 공급자를 찾아 거래를 완결하는 마케팅 활동을 뜻한다. 즉 손님이 가격을 제안하고, 그 가격을 제안하는 이유를 말하게 하는 것이다.

그동안 고객들은 조합, 공동구매, 셀프서비스 등의 제한된 형태로 마케팅에 참여해왔다. 하지만 디지털 환경에서는 고객의 마케팅 참여를 비롯한 고객에 의한 마케팅은 더욱 발전할 것으로 전망된다.

고객 참여 마케팅의 전통적 사례

고객이 마케팅에 참여하는 의미가 포함된 전통적 사례로는 셀프서비스를 들 수 있다. 대형 슈퍼마켓이나 할인점에서 고객 스스로 상품을 선택해 구매하고 집으로 운송한 다음 냉장고에 보관하여 사용하는 것이 바로 셀프서비스의 한 형태다. 또한 고객이 부품을 값싸게 구입해 스스로 완제품을 쉽게 조립하도록 설계된 상품, 즉 DIY do it yourself 상품도 대표적인 고객 참여형 상품이다.

미국에서는 고객들이 자동차를 렌트할 때 지불하고 싶은 가격을 제시하면 그 가격에 자동차를 빌려줄 회사와 연결해주고 수수료를 받는다. priceline.com은 정보의 중간상으로서 등록상표가 ‘Name Your Own Price’인데, 고객이 구매하려는 서비스의 구체적인 조건을 먼저 불특정 다수의 공급자들에게 제시하고, 고객이 제시하는 조건을 받아줄 공급자를 선택하게 함으로써 고객이 마케팅에 주도적으로 참여하게 유도한다. 이러한 구매 모델은 렌터카뿐만 아니라 호텔, 항공권 구매에도 적용되고 있다.

고객 참여 마케팅을 활성화하라

고객 참여 마케팅은 고객이 스스로 마케팅 기능을 수행하기 때문에 공급자는 판매 경비 절감을 통해 가격 할인 서비스를 제공할 수 있다. 이때 고객의 참여 정도가 높을수록 고객은 낮은 가격과 높은 효용의 제품과 서비스를 확보할 수 있고, 공급자는 낮은 가격과 높은 마진,

낮은 회전율을 통해 이익을 증대할 수 있다.

서울대학교의 임종원 교수는 〈고객참여 마케팅의 등장〉《서울 비즈니스 레터》 2005년 11월)이라는 글에서 고객이 스스로 수행하는 마케팅 참여의 효과를 다음과 같이 정리한다.

- 상적 기능 참여 : 판매원의 도움 없이 고객이 스스로 구매하고 다른 고객에게 판매를 알선하며, 무엇을 언제 어떤 조건으로 구매하겠다고 공급자들에게 먼저 제시한다. 따라서 거래는 고객의 구매 조건 제시와 공급자의 제공으로 완결된다.
- 물적 기능 참여 : 고객이 소비 장소와 소비 시점까지 운송과 보관 기능을 수행한다.
- 위험 부담 기능 참여 : 인터넷 등을 이용하여 공급자 정보와 고객 체험 정보를 다양하게 탐색함으로써 고객은 시장에 관한 정확한 정보를 수집할 수 있다. 이에 따라 고객은 위험을 부담하는 구매 결정을 할 수 있다.
- 시장 정보 기능 참여 : 정확한 구매 정보가 있다면 공급자는 과잉 재고, 원자재 및 상품의 정확한 선택 등을 통해 다양한 마케팅 위험을 예방할 수 있고, 고객에게 유리한 상품과 서비스를 제공할 수 있다.
- 생산 기능 참여 : 부품을 조립해 부가가치를 창조하는 것을 예로 들 수 있다.
- 시장 금융 기능 참여 : 상품을 사용하기 전에 대금을 결제하는 것이 이에 속한다.

여기서 고객 참여 마케팅을 활성화하려면 우선 고객의 역할을 쉽고 부담 없이 수행할 수 있게 참여 과정과 역할이 표준화되어야 한다. 예를 들어 자동차의 운행 정보를 운전자가 제공하게 요구하는 것보다, 자동차에 원격진단 장치를 설치하는 것이 고객이 참여하기 쉽다. 또한 고객 참여 마케팅을 효과적으로 수행할 수 있게 고객의 능력을 향상해야 한다. 그리고 고객 참여를 통해 공급자는 원가 절감과 매출 증대 효과를 얻을 수 있어야 한다.

56 | 기업의 존재 이유를 알려라

고객 만족을 위해 먼저 해야 할 일

현재 전 세계에는 수많은 기업이 존재한다. 그리고 이러한 기업들은 나름으로 기업을 경영하는 임무를 서술해놓은 기업 사명, 즉 미션 스테이트먼트Mission Statement를 가지고 있다. 그렇지만 그럴듯한 말들만 나열한 미션 스테이트먼트는 아무 효과가 없다. 모든 산업 분야에 적용할 수 있는 일반적인 내용 대신 확실하고 구체적인 내용이 담겨 있어야 한다. 다음은 기업이 존재하는 이유, 즉 기업 사명에 들어가야 할 요소를 정리한 것인데, 이는 규모가 큰 기업뿐만 아니라 소점포 경영 등에서도 사업주와 종업원의 사명 등을 정리하는 용도로 활용 가능하다.

• 효과적인 미션 스테이트먼트의 조건

첫째, 실천 가능한 목표여야 한다. 기업의 임무는 구체적이고 차별화되어야 한다. 한 예로 급성장하는 영국의 커피숍 체인인 코스타 커피Costa Coffee의 미션 스테이트먼트는 '커피에 대한 이해와 사랑을 우리의 고객과 공유하자'는 것이다. 이 회사의 직원은 모두 커피에 대한 관심과 애정이 남다르다고 한다.

둘째, 차별화된 목표여야 한다. 그러나 차별화되지 않더라도 예외적으로 평범하고 진실된 미션 스테이트먼트도 있다. 프록터&갬블Procter&Gamble은 연례 보고서에 미션 스테이트먼트를 제시하고 있다. 이들을 항목별로 보면 최고 품질의 상품 제공, 최고의 인재 유치, 화합과 정의에 대한 원칙 준수, 리딩 브랜드로서의 역할 등이다.

셋째, 상품의 품질, 경제적 가치, 사회적 책임감이 명시되어야 한다. 미국의 버몬트 주 소재 아이스크림 및 냉동 요구르트 제조업체인 벤&제리Ben&Jerry's는 10년 동안의 기업 운영에 관한 원칙을 세 가지로 요약했다. 최상의 100퍼센트 천연 아이스크림을 만들고, 건전한 재무구조를 확립해 사회에 기여하는 회사가 되겠다는 내용을 미션 스테이트먼트로 작성한 것이다. 이 회사는 이를 실천에 옮기기 위해 성장 호르몬을 먹여 키운 젖소에서 나온 우유는 전혀 사용하지 않는다고 한다.

넷째, 고객 중심, 직원 중심, 주주 중심임을 나타내야 한다. 고객의 입장에서 생각하여 문어체 대신 구어체를 사용하는 경우도 있다. 이때의 장점은 직원들이 매일 그것을 보다 보면 자신도 모르게 고객의 입장에서 생각하게 된다는 점이다. 또한 고객의 희망 사항을 이해하기 쉬운 일상의 대화로 표현해놓았기 때문에 눈에 쉽게 들어오고 기억하기도 쉽다. 한 예로 영국의 세인트 폴 인터내셔널 보험회사는 10년 만에 급성장을 이룩했는데, 그 비결은 특별히 겨냥한 부류의 고객층에서 우위를 차지했기 때문이다. 즉 특정 고객층을 목표로 직원들과 이해관계자들에게 이를 주지해 좋은 결과를 이끌어낸 것이다.

다섯째, 시각적인 미션 스테이트먼트가 필요하다. 미국의 포드자동차 금융사의 미션 스테이트먼트는 글 대신 창의적인 사진으로 구성되어 있다. 예를 들어 로켓 우주선은 신상품을 신속하게 그리고 단순한 디자인으로 개발하자는 것을 의미한다.

이렇게 기업의 존재 이유인 미션 스테이트먼트가 완성되면 먼저 이를 회사 직원들에게 알려야 한다. 그리고 단순한 권고보다는 모범을 보이고 전략에 맞는 행동을 한 직원에게 포상을 실시하는 것이 효과적이다. 또한 거창한 세미나나 연수 등을 실시하기보다 작은 행동이라도 지속적이고 규칙적으로 실천하게 이끄는 것이 좋다.

57 | 고객을 유혹하는 마케팅 믹스 전략

마케팅 믹스란

아직도 마케팅을 교과서에서나 볼 수 있는 이론으로 생각하는 사업 주가 많다. 그러나 마케팅이란 학문은 이론이라기보다는 실제적인 사업 경영을 의미한다. 사업주는 점포를 경영하면서 사실상 마케팅 활동을 하고 있다. 즉 가격은 얼마로 하고, 개점 광고는 어떻게 실시 할 것인가, 상품은 어디서 구입할 것인가, 점포의 주요 고객은 누구인 가? 이러한 것은 사업주가 늘 생각해왔고, 평소에도 끊임없이 점포 경영에 반영하는 것들이다. 마케팅 활동의 주된 과제가 여기에 모두 담겨 있다.

마케팅은 한마디로 점포나 기업의 매출을 극대화하기 위한 활동 을 말한다. 다시 말해 고객에게 만족을 제공하는 동시에 점포의 비전과 목표를 달성하기 위한 활동이다. 이러한 의미에서 마케팅 활동은 사업주가 경영자라는 입장에서 지금까지 점포를 경영하며 해온 활동을 좀 더 체계적으로 운영하기 위해 계획하고 실행하는 것이라 할 수 있다.

마케팅에서는 상품과 서비스를 좀 더 많이 팔고 제공하기 위해 여러 가지 다양한 전략 요소를 조합하는데, 이를 '마케팅 믹스Marketing-mix'라 한다. 요컨대 마케팅 전략은 마케팅 관리자가 마케팅 활동을 수행하기 위해 쓸 수 있는 도구인 전략 요소들을 서로 조합하고 상호 관련시키면서 추진하는 데 의미가 있다.

미국의 매카시Jerome McCarthy 교수는 이러한 마케팅 믹스의 전략 요소를 크게 상품Product, 가격Price, 유통Place, 촉진Promotion의 네 가지로 나누어 '네 가지의 P'라는 의미로 4P's로 불러 이 개념을 널리 알렸다. 학자에 따라서는 여기에 다시 사람People, 물리적 환경Physical environment 및 과정Process을 넣어 7P's로 부르거나, 이익률Profitability과 제시Presentation를 추가해 9P's를 제시하기도 한다.

고객을 유혹하는 마케팅 믹스 전략의 요소를 특히 소점포 사업 중심으로 살펴보면 다음과 같이 정리할 수 있다.

• 상품

고객의 욕구에 맞는 제품이나 서비스를 갖추고 제공하는 전략을 말한다. 상품 전략에서는 고객의 욕구를 정확하게 파악하고, 고객이 자사의 상품을 선택할 수 있게 경쟁 우위 및 차별화를 도모하는 것이 중요하다. 이때 상품 자체의 기능 외에 포장, 디자인, 서비스 등 상품의 부수적인 부분까지 함께 고려해야 한다.

• 가격

상품의 가격을 얼마로 할 것인가를 결정하는 전략이다. 가격의 결
정 방식에는 상품에 소요된 비용에 영업비와 이익을 가산하여 가격을
정하는 가산 가격 책정 방식과, 고객이 상품에 얼마의 가격을 부담할
수 있는지 고려하여 가격을 설정하는 방법이 있다. 이외에도 경쟁 상
품의 가격이나 경기 동향 등에도 영향을 받는다.

• 유통

상품이나 서비스를 어떻게 적절한 시간에, 접근 가능한 위치와 적
절한 수량으로 고객에게 제공할 것인가를 계획하여 그에 맞는 유통
경로를 선택하는 전략을 말한다. 유통 경로란 상품과 서비스가 움직
이는 경로를 말하며 일반적으로 생산자 → 도매업자 → 소매업자 →
소비자의 단계를 거친다.

• 촉진

고객에게 어떻게 상품과 점포의 존재를 알리고 상품을 사고 싶게
만들어서 판매할 것인가에 대한 전략으로 커뮤니케이션 전략이라고
도 한다. 구체적으로 TV 광고나 신문광고의 전개, 영업사원 같은 인
적 자원의 활용 등을 결정한다.

• 사람

점포에서 발생하는 다양한 일을 수행할 사람에 관한 것이다. 종업원 고용과 교육 훈련 등 업무와 일하는 사람의 능력과 노력에 따라 성공할 수 있다.

• 이익률

판매하는 상품이나 서비스에서 이익을 볼 수 있느냐의 문제로, 사업주 자신의 경영 능력에 달렸다고 할 수 있다.

• 물리적 환경

색채, 조명, 간판, 청결도 등 가시적인 요소들로 구성되며, 점포의 분위기와 이미지 연출을 통해 고객 내점 시 이미지 결정에 영향을 준다.

• 과정

점포를 어떻게 운영하느냐 하는 운영 절차 전반의 과정을 말한다.

• 제시

점포의 내외부 모습을 고객에게 어떻게 표현할 것인가 하는 문제로, 개성 있는 점포 분위기 조성과 느낌 전달 및 상품 진열의 특성화 방법 등이 중요하다.

소점포 마케팅 믹스는 사업주와 고객들의 니즈 사이에 놓인 다리와 같다. 그 다리를 어디에 어떻게 놓을 것인가는 사업주나 종업원이 담

당해야 할 과제다. 따라서 고객의 마음을 사로잡기 위해 마케팅 관리
자인 사업주나 종업원은 고객에 대한 정보를 바탕으로, 전체적인 통
일성을 유지하면서 고객의 수용도를 높이는 방향으로 마케팅 믹스를
이끌어야 한다. 상품, 가격, 유통, 촉진 등의 마케팅 믹스 전략이 목표
시장 내 고객들의 욕구에 정확하게 들어맞을수록 더 효과적이고 수
익성 높은 점포가 될 것이다.

58 | 단골 고객 만들기, 이렇게 하라

단골 고객은 어떻게 확보할 수 있을까

단골 고객 확보는 모든 점포 사업주의 바람이기도 하다. 그러나 단골 고객이 된 경우를 살펴보면 특별히 정해진 법칙은 없는 듯하다. 구경만 하고 나간 고객이 다음번 방문부터 단골이 될 수도 있고, 몇 차례 아이쇼핑만 하고 갔는데 점포 종업원이나 사업주가 늘 반겨주는데 끌려 단골이 되기도 한다. 아니면 그냥 구경삼아 들러도 부담 없을 점포라는 생각에 단골이 된 경우 등 그 이유도 다양하다. 따라서 고객에게 호감을 주는 분위기만 제공한다면 단골 고객 유치는 어려운 일은 아닌 듯 보인다.

일반적으로 점포 업종에서 전체 매출 가운데 단골 고객이 차지하는 비중은 60퍼센트에 이른다고 한다. 이는 단골 고객만 잘 확보하고 관리하면 어느 정도 기본 수익이 보장된다는 뜻이다. 아래의 내용은 다양한 고객을 단골 고객으로 만들기 위해 필요한 기법들로, 현재 자신의 점포가 이러한 요건들을 잘 갖추고 있는지 꼼꼼히 따져보기 바란다.

• 고객이 부담 없이 들어가기 쉬운 점포가 되라

점포에서 상품을 산 적 있는 사람이든 구경만 한 사람이든 누구나 그 점포에 부담 없이 들어갈 수 있어야 한다. 일반적으로 사람은 익숙한 길로만 다니는데, 이는 인간의 행동 원리가 무척 단순해서 거의 무의식적으로 발길이 가기 때문이다. 그냥 구경만 하고 나가는 고객이나 아이쇼핑만 하고 가는 고객도 앞으로 그 점포에서 상품을 구매할 확률이 높은 잠재 고객임을 잊어서는 안 된다. 점포를 나갈 때 기분이 좋다면 그곳을 부담 없이 느끼고 무의식 속에 담아두었다가 다음에 다시 들를 확률이 높다.

• 고객의 이름을 기억하라

고객은 한두 번 들른 점포라도 자신의 이름을 불러주면 더욱 친근감을 느낀다. 물론 이름 외에도 고객의 직업, 가족 사항, 주소 등 알아두어야 할 것은 많다. 고객에 관한 정보가 수록된 고객 카드를 작성하라. 이때 고객 정보를 얻으려면 상품 판매 시 자연스럽게 물어 메모를 하면 된다. 신상품 전단이나 안내장보내기 등 고객 카드의 활용 범위는 다양하다.

• 입소문을 적극 활용하라

단골 고객이 많다는 것은 최고의 광고를 하고 있는 것과 같다. 따라서 고객 중에서도 다시 최고의 단골 고객을 선별해 그들을 활용할 필요가 있다. 예를 들어 아파트 동 대표나 부녀회장, 동호회 회장 등 발이 넓은 단골 고객이나 사람을 많이 대하는 직종의 단골 고객을 찾아내어 광고 등의 촉진 전략을 협조받으면 상당한 효과가 있다.

• 고객을 편안하게 하고, 고객 입장에서 생각하라

모든 것을 고객 입장에서 바라보고 생각하자. 고객이 점포에 들어서자마자 종업원이 따라붙으면 고객이 쇼핑에 부담을 느끼거나 기분이 상할 수 있다. 점포에 들어선 고객에게는 일단 간단한 인사 정도만 하고, 충분히 둘러볼 기회를 준 다음 "좀 도와드릴 일이 있나요?" 등으로 가볍게 접근한다. 특별히 고객이 부르지 않는 한 지나친 친절은 삼간다.

• 고객의 움직임을 빨리 읽고 센스 있게 대응하라

고객의 움직임을 고객이 눈치 채지 못하게 빨리 읽어내고, 고객의 표정이나 눈길 등을 통해 고객이 원하는 바를 찾아 "제가 도와드릴까요?" 또는 "필요한 게 있으신지요?" 등의 멘트로 적절히 대응해야 한다. 물론 업종에 따라 그리고 고객에 따라 탄력적으로 운용되어야 하지만, 이것이 점포 관리의 감각이다. 이때 고객이 처음 하는 말에 주목해야 한다. 예를 들어 의류점이라면 대부분 원하는 상품 종류나 색상, 디자인, 가격대 등에 대해 생각해둔 것을 이야기하게 되는데 이

것이 구매와 직결되는 조건이다.

• 고객 응대 기술을 몸에 익혀라

고객 두 사람이 거의 동시에 점포에 들어왔다면 당연히 순서대로 응대한다. 뒤에 들어온 고객에게는 "어서 오세요. 잠시만 기다려 주세요"라고 인사를 건네고, 기분 좋게 대기하도록 배려하고 이해를 구한다.

• 여러 고객이 몰려들어도 허둥대거나 조급한 모습을 보이지 말라

여러 고객이 한꺼번에 몰려들어도 침착히 응대해야 한다. 점원이 불안해하면 신뢰감이 떨어지고, 고객이 제대로 좋은 상품을 고르지 못할 수도 있으므로 어떤 상황에서든 여유를 보여야 한다.

59 | 인재가 모이는 점포를 만들라

인재가 모이는 회사를 만들기 위해 사업주는 무엇을 하고, 무엇을 하지 말아야 하는가?

조직은 구성원에 따라 운명이 완전히 달라지기도 한다. 기업이나 점포의 성패는 인재 확보 여부에 달렸다 해도 과언이 아니다. 일반적으로 인재는 보수에 좌우된다고 하나 꼭 그렇지는 않다. 보수가 하나의 조건이 될 수는 있으나 전부는 아니다.

인재가 모이고 계속 머무르는 조건은 그 회사의 환경, 즉 승진할 수 있는 여지, 하고 싶은 업무의 기회 부여 여부, 근무 의욕이 솟는 분위기, 직원간의 원활한 커뮤니케이션 등 전반적인 문화가 영향을 미친다. 특히 인재가 모이는 회사가 지향할 바는 다음의 세 가지로 축약할 수 있다.

첫째, 종업원들에게 그들 자신과 회사의 미래에 대한 희망을 제시

할 수 있는 조직이어야 한다. 둘째, 종업원들과 회사 간에 다양하고 지속적인 커뮤니케이션 채널이 확보되어 있어, 이를 통한 지속적인 대화로 굳건한 신뢰 관계가 형성된 조직이어야 한다. 셋째, 미래에 대한 희망과 서로에 대한 신뢰를 바탕으로 즐겁게 일할 수 있어야 한다.

무엇이 인재를 머무르게 하는가

최근 들어 인재경영의 중요성이 더욱 부각되고 있다. 그래서 서점에는 '무엇이 인재를 남아 있게 만드는가?' 에 대한 다양한 분석서들이 구체적인 실천방안을 제시하고 있다. 그렇다면, 회사나 사업주가 가져야 할, 인재를 모이게 만드는 경영 마인드를 살펴보자.

• 스스로에게 질문하라

"우리 회사는 인재가 있는가?"를. 만약 자신의 회사에서 인재가 떠난다면, 먼저 사업주 자신이 먼저 반성하라. 인재를 관리하고 보유하는 것은 전적으로 사업주 자신의 책임임을 인식하라. 종업원들이 무엇을 원하며 그들을 위해 해야 할 일이 무엇인가를 고민하는 것이 가장 직접적인 방법이다.

• 인재개발에 투자하라

인재가 입사하는 경우도 있지만, 대부분 인재는 만들어지는 것이다. 그러므로 회사는 인재가 없다고 타박하지 말고, 인재를 개발하고 육성하라. 그런 인재가 오래 남고 기업을 번성하게 만든다.

• 적재적소의 인재를 활용하라

일단, 사업자는 종업원 각자의 능력을 인정하고 존중하고, 그 능력에 맞는 업무와 권한을 제공하라. 그 다음에 책임을 물어라. 이것이 그들의 신뢰와 존경을 얻는 확실한 방법이다.

• 회사의 비전을 제시하라.

회사는 생계유지를 작업장인 동시에, 미래를 공유하고자 하는 공동체이다. 그러므로 가족적 지향문화와 함께, 현실적인 비전 제시로 회사에 대한 헌신과 신뢰를 자연스럽게 유발시켜야 한다. 그러기 위해서는 정보단절이나 편 가르기, 자의적 경쟁유발 등의 관리보다 아낌없이 공유하는 것이 장기적으로 더 바람직하다.

• 재미난 회사로 만들어라

퇴사의 가장 큰 이유는 과중한 노동도 있지만, 회사의 구성원들 간의 관계와 무미건조한 회사 분위기도 한몫을 담당한다. 따라서 회사는 재미나고 일은 즐거워한다. 그래야 능률이 오르기 마련이다. 이런 분위기 조성은 결국 사업자의 몫이다.

• 기회를 발굴하고, 업적을 보상하라

종업원들에게 자신의 능력을 성취할 수 있는 기회를 적극적으로 제공하고 후원하라. 또한 이룬 성과물을 인정하고 아낌없이 보상하라.

• 경청하고 솔직하게 대하라

다양한 방법으로 종업원들의 이야기를 진심으로 경청하고, 실질적인 개선 방안을 모색하라. 또한 솔직한 사업주의 모습이 종업원들의 직장에 대한 만족감과 신뢰를 제고할 수 있다.

미래에 대한 희망이 있고, 종업원 간에 신뢰를 통한 강한 유대감이 있으며, 일에서 즐거움을 찾을 수 있는 조직이라면 누가 그 조직에 들어오고 싶지 않을 것이며, 누가 그 조직을 떠나고 싶겠는가? 유능한 인재를 확보하고 이탈을 방지하며, 이들이 자신의 능력을 최대한 발휘할 수 있는 환경을 제공하는 것은 오늘날 대기업이나 중소기업, 소점포를 막론하고 경영 관리자들의 가장 핵심적인 업무다.

60 | 도요타 경영 방식에서 배운다

왜 도요타식 경영 혁신인가

세계 경제 대국이나 기업들이 심각한 구조조정의 위기에 직면했을 때, 일본의 자동차 회사인 도요타는 막대한 이익을 창출했다. 최근 도요타는 '잃어버린 10년'이라는 만성 무기력증에 시달리던 기간에 해마다 최고의 매출, 최대의 순이익을 올리며 흔들리는 일본을 지탱한 자존심이자 벤치마킹 영순위 기업이라 불린다. 서울대학교의 김재일 교수는 〈도요타의 경쟁력과 신 도요타 방식〉(《서울 비즈니스 레터》 2005년 9월)이라는 글에서 도요타식 기업 혁신의 전개 방식과 구성원의 적극적인 자세를 '도요타 사람들의 7가지 습관'으로 정리했다.

그에 따르면 도요타 사람들은 상대방의 이야기를 성실하게 듣고, 무엇이 문제인지를 생각하고, 격려와 제안을 하고, 어떻게 하면 이길 수 있을지 아이디어를 짜내고, 의논하며, 현장에서의 사실을 토대로 하고, 불가능하다 해도 우선 해본다.

도요타는 변화의 우선 조건으로 대화를 중시한다. 대화가 없다는 것은 문제를 해결할 힘, 즉 '생각하는 힘'을 잃는 것이다. 이런 대화가 활성화되려면 그 가능성을 최대로 이끌어내는 경쟁 원리가 작용하는 환경 등이 중요하다. 도요타라는 조직에는 '스스로 생각하는 것의 소중함과 인간 지혜의 무한함, 그리고 그 가능성을 믿는다'라는 인간관이 깊이 뿌리박혀 있다.

도요타의 힘은 또한 경영 마인드를 가진 관리 감독자가 변혁의 리더십을 갖출 수 있는 환경에서 찾을 수 있다. 경영 마인드는 어떻게 하면 이길 수 있는지를 생각하고, 스스로 일을 만들며, 동료와 함께 일하고, 시나리오를 만든다는 네 가지 규범을 실천하는 것이다. 혁신은 최고 경영자의 움직임 하나로 대세가 결정된다고 해도 과언이 아니다. 최고 경영자는 변혁의 책임자가 자신이라는 사실을 확실히 하고, 변혁형 인재를 육성할 수 있게 환경을 정비하며, 변혁형 인재를 발굴하는 역할을 해야 한다.

도요타는 전 사원이 위에 이야기한 일곱 가지 습관을 통해 적극적인 자세를 갖추도록 '자주연구회'와 같은 자발적 구조를 형성해 커뮤니케이션을 원활히 함으로써 이러한 혁신을 계속하고 있다.

지속적인 변화를 추구하라

최근 크고 작은 기업들을 비롯해 우리 사회 전반에는 '변해야 살

수 있다'라는 화두가 급속히 대두되고 있다. 이는 그만큼 우리를 둘러싼 환경 변화가 심각하고 경쟁도 가속되고 있음을 보여주는 것이다. 거의 모든 조직에는 나름의 지속적인 변화와 혁신을 위한 노력이 있고 그 변화를 보여주는 문화가 기존의 문화와 충돌 또는 융합하고 있다. 변화와 혁신은 단기간에 되는 일이 아니다. 비단 기업에서만 찾지 않더라도 문화와 예술, 정치와 사람들의 고정관념 등은 신구의 충돌 속에 조금씩 변화해오지 않았는가.

도요타와 같은 사례에서 배울 수 있듯, 지속적인 혁신을 위해서는 기업 문화 안에서 변화를 리드하는 관리자들이 필요하며, 또한 그들이 갖춘 덕목들을 인식하고 학습 및 변화하려는 구성원들의 노력이 뒷받침되어야 한다. 무엇이 문제인가를 항상 생각하고 고민하며, 일단 해보자는 도전정신과 더불어 문제 해결을 위해 열린 마음으로 주변의 네트워크를 운용하고 그 안에서 효율성을 추구해나갈 줄도 알아야 한다. 무엇보다 최고 경영자는 이러한 변혁을 주도하고 조직을 선도적으로 이끌 수 있는 인재 양성에 확고한 의지가 있어야 한다.

급변하는 상황 속에서 지속 가능 기업으로 생존하려면 변화를 선도하는 능력을 갖추고, 기업 스스로 새로운 기준을 만들고, 새로운 시장을 개발하며, 새로운 흐름을 창조하기 위해 노력해야 한다. 이는 조직뿐만 아니라 개인도 마찬가지다. 변화는 지금, 바로 나부터 시작해야 함을 인식하고 작은 일부터 변화를 시도해보자!

61 │ 성공 창업자의 제1덕목, 신용

일이 잘 풀리지 않거나 직장 내 스트레스가 심할 때 직장인들은 습관처럼 "다 때려치우고 장사나 할까 보다"라고 말한다. 하지만 막상 누군가가 진지하게 사업을 권유하면 "아무래도 장사 수완이 없어서……" 또는 "자본금이 없어서……"라며 말을 거둔다.

하지만 성공했다는 말을 듣는 소자본 창업자들은 장사 수완보다 성실과 신용을 더 중요시한다. 사업 성공의 첫째 요건은 신용이다. 문제 있는 물건을 한두 번은 팔 수 있지만, 그것이 쌓이면 손님들은 등을 돌린다. 납품업체 등 다른 고객들에게도 마찬가지로 약속을 잘 지켜야 한다.

몇 해 전, 서울상공회의소가 남대문과 동대문 등지의 의류 상인들을 조사한 결과, 70퍼센트가 넘는 절대 다수가 사업 성공의 열쇠는 신용이라고 응답했다. 반면 장사 수완이라는 응답은 15퍼센트에 불과했고, 장사운 등은 거의 영향을 미치지 않는다고 응답했다. 그만큼 사업에는 신용이 중요하다는 것을 보여주는 결과다.

그러면 고객의 신용을 얻으려면 어떻게 해야 할까? 음식점으로 시작해 성공의 길로 접어든 K사장은 역지사지易地思之를 특히 강조한다. 즉 다른 사람의 입장이 되어봐야 한다는 것이다. 창업 때부터 스스로 지켜오고 종업원들에게도 수시로 강조하는 그의 원칙은 '사장이나 종업원이 손님의 눈보다 빨리 움직여야 한다'는 것이다. 손님이 음식을 먹다가 추가 주문을 위해 고개를 들면, 바로 달려가 새로운 주문을 받을 준비가 되어 있어야 한다는 얘기다. 어떻게 보면 대단한 비법이라기보다는 지극히 평범한 원칙이다. 그러나 손님에게 성실히 대응하고 믿음을 줘야 한다는 K사장의 원칙은 가장 평범하면서도 가장 위력적인 장사 밑천이다.

실제로 사업 자금이 부족한 사람이라도 끊임없는 노력으로 기회를 만들 수 있다. 반면 신용을 잃은 사람에게는 기회가 결코 오지 않는다. 신용을 잃는 것은 인생 전체를 날린 것과 다를 바 없다.

성공한 창업자들이나 자수성가한 부자들은 성실과 신용을 더 중시했으며, 이는 사업의 성공을 꿈꾸는 창업자들이 제1요건으로 기억해야 할 점이다. 성실함은 타고나는 것이 아니라 노력이다. 또한 창업자는 기본에 충실하고 양심을 중시해야 하며, 인맥 관리도 필수적이다. 무엇보다 꿈에 대한 간절한 바람이 결국 사업 성공으로 현실화될 수 있음을 확신하고 더욱 성실하게 노력해야 할 것이다.

62 │ 소점포 마케팅의 세 가지 기본 요소

마케팅이라고 하면 굳이 학술적 이론을 언급하지 않더라도 창업 시나 일상의 점포 경영에서 부딪치는 상품 구입, 가격 책정, 판매 촉진 및 고객 관리 등에 관한 실제 활동 그 자체임을 누구나 알 것이다. 한마디로 말하면 마케팅이란 하나라도 더 팔고 하나라도 더 알려서 점포 매출을 극대화하고 수익을 얻기 위한 모든 활동을 말한다. 따라서 소점포 경영에도 마케팅은 필수적인 성공 요소다.

매출 극대화를 위한 가장 기본적인 세 가지 마케팅 요소로는 다음과 같이 가격, 서비스, 판매 촉진을 들 수 있다.

• 가격

품질이 좋은 상품 구비와 더불어 가격 전략은 경쟁 점포나 권장가격에 대비하여 고가로 할지 저가로 할지를 결정하는 중요한 요소다.

여기에는 점포의 경쟁 상태와 판매 상품의 종류가 중요한 결정 요인이 된다. 가격은 '상품 원가 + 점포 이익'으로 결정되므로 소점포 경영자가 최대한 조정할 수 있는 부분은 점포 이익 부문이라 할 수 있다.

일반적으로 편의품은 소량으로 자주 구입하는 담배, 비누, 치약, 샴푸 등이 주력 상품이므로 가격에 대한 비교가 적어 정상 가격 전략이 바람직하다.

한편 세탁기, PC 등 가전제품, 의류, 가구, 중고 자동차 등은 가격, 기능, 디자인 등을 다양하게 비교하여 구매하는데, 이를 내구재라 한다. 이런 제품은 디자인이나 점포 내 진열 등이 상품 선택에 상당한 영향을 미친다. 또한 고객의 사전 정보 탐색을 위해 상품의 특징과 가격 정보를 제공하는 광고 전략도 중요하다.

전문품은 스테레오시스템, 카메라, 자동차, 디자이너 패션 의류, 유명 레스토랑 등 상표마다 특성이 있고 대체품이 별로 없는 제품으로, 경쟁 요소가 적고 가격도 고가가 많다. 따라서 특정 제품의 특성이나 매력에 끌려 다수의 소비자가 그 상품만 사려고 노력하므로 판매 장소의 편리성 및 이미지가 중요하며, 점포 전략도 꾸준한 상품 정보 제공 및 구매 유도에 중점을 두어야 한다.

• 고객 서비스

우수한 고객 응대 서비스는 깨끗한 점포 이미지와 인테리어, 편리한 진열 등과 더불어 고객의 최종 구매 결정에 중요한 영향을 미친다. 우수한 품질의 상품을 판매하는 점포에서도 종업원의 작은 실수 등으로 판매 기회를 놓치거나 우수 고객을 잃는 일이 흔하다는 것을 항상 유의해야 한다.

● 판매 촉진

판매 촉진이란 점포 및 상품 관련 정보를 여러 형태로 고객에게 알려 고객을 창출하고 판매 활동을 촉진하는 활동이다. 소점포 경영에서는 광고 예산을 고려해 옥외 광고나 전단 등을 활용하는 것이 효과적이며, 가격 할인 및 경품 제공도 많이 이용된다.

2단계에서 살펴보았듯 소점포 창업 시에는 우선 점포를 알리는 광고에 주력하고, 이후에도 전단 광고 등의 활용과 각종 이벤트로 고객을 유치해야 한다. 더불어 요즘에는 인터넷을 활용해 자체 홈페이지를 구성함으로써 다양한 정보를 제공하고 회원 수를 늘려 주문도 가능하게 하면 실제 영업에 큰 도움을 받을 수 있다. 그리고 수신자부담 080 전화 서비스, 1588 전국 단일 번호 서비스, 연상하기 쉬운 전화번호 활용 등 전화번호를 이용한 네트워크 마케팅 기법을 활용하는 것도 현실적으로 효율성을 높이는 방법이다.

몇 년 전, 서울 을지로 소상공인 지원센터의 지원을 받아 창업한 업체들의 모임인 '인우회' 주최 조찬 특강의 초청 연사로 참여한 적이 있다. 그날의 특강 주제는 '창업보다 수성守成이 어렵다', 즉 창업은 쉽지만 지키기는 어렵다는 것이었다.

특강에 참여한 전통 한과점 사장 A씨는 창업 당시 우수한 상품과 서비스 능력 등 마케팅의 기본 요소를 갖추었음에도 매출 부진으로 크게 고전했다고 한다. 컴맹이던 A씨였지만, 광고 전략의 개선을 위해 단순한 전단 광고에서 벗어나 남보다 먼저 자체 홈페이지를 갖추고 인터넷을 통해 주문을 받아 택배 발송을 병행하기 시작했다. 그 결과 전국적으로 주문이 들어왔고 연간 1억 원 이상의 매출 실적과 함께 사업도 본궤도에 올랐다고 한다. 인터넷 홈페이지 활용의 필요성에 크게 공감한 기억이 새롭다.

또한 연말에는 송년 외식을 위해 가족과 함께 개업 초기부터 성행하는 고기 뷔페 전문점을 방문한 적 있다. 우리 가족은 손님이 너무 많아 자리 나기를 기다리다가 한참 만에 겨우 자리를 잡았는데, 한창 바쁠 때임에도 다양한 고기가 준비되어 있고 음식의 맛과 가격까지 모두 만족스러워 대기 시간의 지루함을 완전히 잊을 정도였다. 특히 친절하고 자발적인 종업원들의 접객 서비스를 보며 그 점포의 성공에는 다 이유가 있음을 느낄 수 있었다.

성공 창업의 비결, 매출 극대화, 고객 만족을 통한 안정적인 발전은 모두 마케팅의 기본 요소를 충실히 지키고 성실함으로 운영해나가는 데서 출발함을 기억하자.

63 | 직원 관리에 원칙을 지켜라

사업을 시작하고 본격적으로 경영을 하다 보면 사업주는 여러 가지 크고 작은 어려움에 부딪친다. 그중에서도 직원과의 인간관계 관리는 사업주가 특별히 신경 써야 할 부분이다. 어떤 직원이 들어오느냐에 따라 혹은 직원을 어떻게 관리하느냐에 따라 고객 서비스가 하늘과 땅 차이가 날 수 있기 때문이다. 그렇다면, 직원 관리를 어떻게 하는 것이 좋을까? 다음 몇 가지로 원칙을 정리해보았다.

● 잘못을 지적하되, 인격적 모멸은 삼가라

중국의 무경칠서武經七書의 하나인 《사마법司馬法》에 '소죄내살 소죄승 대죄인小罪乃殺 小罪勝 大罪因'이라는 말이 있다. 아무리 작은 잘못이라도 엄하게 다스려야 한다는 말이다. 종업원이 잘못을 저질렀을 때 사소한 것이라고 그냥 지나치거나 방관하면 그것은 큰 잘못을 일으키는 원인이 된다. 그러나 유의해야할 점은 고객들 앞에서 야단을 치거나 인격적 모멸감을 안겨줄 정도여서는 안 된다.

• 공로는 드러내고 아낌없이 포상하라

꾸짖음은 남들이 모르게 조용히 하고, 칭찬은 남들 앞에서 드러내라. 또한 잘한 일은 모두에게 알려서 공로의 크기에 따라 아낌없이 포상해야 한다. 이것은 한 개인을 넘어 직원 전체에 긍정적인 동기 부여가 된다는 것을 잊지 말자. 다만, 상과 벌의 기준은 명료해야 하며, 엄정하면서 공정하게 집행되어야 한다. 그럴 경우, 직원들은 진실로 회사의 방침에 승복하고 이를 따르게 된다.

• 상벌과 인사권은 경영자가 직접 관리하고 행사하라

사업주가 사정상 점포의 현장을 지키지 못하더라도 직원에 대한 상벌과 인사권만큼은 직접 관리하고 행사해야 한다. 이것은 사업주가 회사와 직원에게 애착을 가지고 지켜보고 있다는 것을 인지하여 신뢰도가 쌓이게 만든다. 그렇지 않으면 사업주와 직원 사이에 점차 높은 담이 생겨 결국 리더십이 손상된다.

• 경영자가 먼저 솔직해야 함을 명심하라

조직 내의 신뢰는 아래로부터가 아니라, 위에서부터 내려와야 한다. 함께 일하는 리더가 거짓말을 하지 않는다는 확신은 직원들에게 굳건한 믿음과 자발적인 충성을 유도한다. 미국의 저명한 경영학자 피터 드러커도 '리더란 따르는 사람을 많이 거느린 사람' 이라 정의하고, 리더의 중요한 자질로 '신뢰'를 들었다. 언행일치는 사업주가 먼저 솔선수범 한다.

• 원가 의식을 심어주어라

좋은 상품을 싸게 사고 싶은 것은 모든 고객의 본능이다. 사업주는 항상 최소 비용으로 최대 이익과 성과를 이끌어내기 위해 원가 의식이 투철해야 한다. 이러한 원가 의식을 직원들에게도 인식시키는 것이 중요하다. 또한 사업주는 매출과 비용 등에 대한 정보를 공개하여, 직원들이 스스로가 몸담은 회사의 투명성을 인지하게 만들어라. 이것은 직원들의 애사심을 불러일으키는 데 큰 도움이 된다.

• 스스로 일하는 직원으로 만들어라

사업체에서 가장 필요한 사람은 매번 지시하지 않아도 스스로 일을 찾아서 알아서 진행할 줄 아는 인재다. 지시가 없으면 아무것도 하지 않고 지시를 하면 불평하며 마지못해 하는 직원은 결코 성공할 수 없으며, 다른 직원들의 근무 의욕까지 떨어뜨린다. 경영자는 먼저 직원 스스로 자기 혁신을 할 수 있게 독려해야 한다.

여기에 한 가지를 덧붙이겠다. 인연을 끊을 때, 즉 헤어지는 방법을 잘 선택하라는 것이다. 자질과 태도에 문제가 있는 종업원을 해고할 때든 종업원 스스로 점포를 떠나려 할 때든 어떤 앙금이나 오해도 남지 않게 잘 다독이고 격려해야 한다. 헤어짐, 즉 마무리를 잘하는 것도 경영자가 갖추어야 할 중요한 용인술이다.

64 | 종업원 만족이 고객 만족을 이끈다

고객 만족 경영을 말할 때, 흔히 상품을 구매하는 고객을 외부 고객 또는 2차 고객이라 하고, 종업원을 내부 고객 또는 1차 고객이라 한다. 여기서 종업원을 1차 고객이라 부르는 이유는 외부 고객을 감동시키려면 먼저 종업원을 감동시켜야 하기 때문이다.

이는 소점포든 중소기업이든, 수만 명의 종업원이 소속된 대기업이든 똑같이 적용된다. 종업원이 신명나야 생산성이 오르고 사업도 발전할 수 있음은 아무리 강조해도 지나치지 않다. 사업주는 아침부터 밤늦게까지 고생하는 종업원과 찾아주는 고객의 의미를 늘 머리에 새기고, 점포를 신바람 나는 직장으로 바꾸어야 한다.

그러기 위해서는 종업원들이 사업주와 고객에게 잘하고 싶은 자발적인 마음이 들게 만들어야 한다. 종업원 관리란 바로 이들의 마음을 얻는 것이다. 마음은 돈만으로 살 수 있는 것도 아니고, 지위나 연령이 높거나 권한이 많다고 저절로 되는 것도 아니다. 마음을 얻는 것은 상대방을 위해 자신을 아낌없이 희생할 수 있는 진실에서 비롯된다.

그러면 어떻게 해야 종업원을 만족하게 할 수 있는가? 그동안 여러 책과 강의 등을 통해 느끼고 직접 경험한 것 가운데 몇 가지 항목을 다음과 같이 제시해본다.

• 각자에게 적합한 일거리를 준다

종업원의 능력과 소질을 파악하고 가능한 범위 내에서 하고 싶은 일을 하게 배려한다.

• 즐거운 인간관계를 형성할 수 있는 여건을 만들어준다

종업원들이 직장에서 열심히 일할 수 있는 것은 각자의 가족의 노고가 있기 때문이다. 간접적이라도 종업원들의 가족과 친해질 방법을 찾아라. 조그만 선물을 준비하거나 열심히 하는 종업원의 가족에게 감사와 칭찬의 메시지와 함께 선물을 보내는 것도 좋은 방법이다.

• 든든한 버팀목이 된다

사업주는 종업원들의 개인적 문제나 집안의 크고 작은 애경사에도 적극적으로 관심을 갖고 도와주는 해결사가 되어야 한다. 특히 경제적으로 힘들거나 믿고 의지할 가족이 없는 종업원에게는 상황에 따라 사장이 아닌 형이나 부모가 되어주어야 한다.

• 전문가로 성장할 길을 열어준다

대다수의 크고 작은 조직에서 흔히 사용되는 동기 부여 방식은 대체로 금전적인 것이다. 사실 경제적인 보상은 무엇보다 중요하다. 그러나 더 강력한 동기 유인은 성취감임을 간과해서는 안 된다. 종업원들 가운데 특정 분야의 전문가로 크고자 하는 사람에게는 그 길을 걸을 수 있게 배려하고 격려해야 한다.

• 근무시간 등 적절한 근무 환경을 조성한다

이제 상당수의 직장이 근로시간을 주 40시간제, 즉 주 5일 근무제를 도입하고 있다. 그러나 소점포에서는 업종의 특성상 종업원 대부분이 아침 일찍부터 밤늦게까지 일해야 한다. 결근율과 이직률도 높은 편이다. 이런 환경에서 더 큰 근무 의욕이나 창의성을 기대하기는 어려우므로 최대한 종업원에게 만족을 줄 수 있는 방안을 고민해야 한다. 이때 종업원들이 요구 조건을 이야기하게 하고, 점포의 상황을 함께 점검하며 향후의 변화를 고민한다면 종업원들은 몸이 조금 힘들더라도 소속감과 사업주의 대한 신뢰 속에서 밝게 일할 수 있을 것이다.

65 | 기업 평판을 관리하라

흔히 사람을 평할 때 '사람들의 평판評判이 어떻다'라든가 '세인世人의 평판이 어떠하다' 등의 말을 많이 하는데, 여기서 평판이란 무엇을 의미하는가?

사전적으로 평판이란 '사람 혹은 사물에 대해 일반적으로 알려진 시각'이나 '세상 사람들의 비평'을 말한다. 사람을 평가할 때와 마찬가지로 점포나 기업에도 평판은 신규 고객을 얻고 오래도록 관계를 유지하는 데 많은 영향을 준다. 바꾸어 말하면, 누군가 우리 점포와 거래를 고려할 때 점포는 물론 사업주나 종업원의 평판이 거래 여부를 결정하는 중요한 역할을 한다는 뜻이다.

그러면 기업이나 사업주 자신 그리고 종업원들은 거래 고객들이나 사람들에게 어떤 평판을 듣고 있는가? 잘 모르겠으면 사람들에게 일부러 물어서라도 알아내야 한다. 이때 한 사람이라도 좋지 않은 반응을 보이면, 그보다 훨씬 많은 사람이 똑같은 생각을 하면서도 말을 하지 않고 있을 뿐이다.

과거의 업적이 미래 업적의 가장 정확한 지표라는 말이 있다. 평판도 마찬가지다. 평판이 좋은 점포나 기업은 신규 고객을 확보하기도 쉽다. 반면 좋지 않은 평판을 듣는 점포나 기업은 사람들이 따르지 않고 멀리한다. 따라서 매일 스스로 만들어가는 평판에는 관리가 필요하다. 기업 평판 관리에서 중요한 것은 실수를 했을 때 이를 넘어서는 개선의 노력을 보이는 것이다. 이렇게 하면 평판에 흠집을 내지 않고 사람들에게 인정받을 수 있으며, 이러한 평판은 굳이 애쓰지 않아도 사람들에게 퍼져나간다. 좋은 평판, 미담은 순풍처럼 퍼져나가기 마련이다.

평판은 그 사람 자신 만큼의 가치를 가진다. 그래서 기업들은 평판이 좋고 이미지가 좋은 연예인이나 유명인의 이미지를 빌려 자기 기업의 이미지를 세우는 데 활용한다. 혹시 무언가 뛰어나고 특별한 점이 있는 종업원이 있다면 그들의 평판이나 명성을 최대한 활용하는 것도 기업 이미지나 위상을 높일 수 있는 전략이다. 마케팅 활동에서 활용해도 좋을 최고의 스타 종업원이 있는지 가려내 그들의 재능과 기술을 최대한 부각하라.

기업 평판을 관리하는 몇 가지 방법

• 지역 봉사단체 등 사회 공헌 활동에 적극 참여하라

사업주에 대한 여론은 이웃에서 시작되어 그 지역 일대로 퍼져나간다. 그러므로 우선 이웃과 친해질 수 있게 봉사활동 등과 같은 사회 공헌 활동에 적극 참여하는 것이 좋다. 지역과 주민을 위하는 진실한 마음에서 우러나오는 직간접적인 참여는 지역사회에 대한 정보도 얻을 수 있고 사업 추진에도 큰 도움이 된다.

• 지역의 여론 주도층과 긴밀한 관계를 유지하라

동네 주민은 물론 지역의 동장, 파출소장, 통반장 등 여러 주민자치 단체 장, 아파트 부녀회나 동호회 등 친목 모임에 이르기까지 여론 주도층을 파악해 이벤트 초청은 물론 긴밀한 유대 관계를 계속 유지하기 위해 노력해야 한다. 특히 매일 사람들을 대하며 대화를 많이 나누는 택시 기사들이나 보험생활설계사 등은 또 다른 홍보맨인 만큼, 지속적인 유대 관계를 통해 친해질 수 있게 노력해야 한다.

• 지역사회의 영향력 있는 유지들과 친분 확대 등 대인관계를 넓혀라

사업 지역에서 기반을 다지기 위해 사업주는 특히 지역사회의 영향력 있는 공직자 등 유지들과 친분 관계를 돈독히 하고, 대인관계의 폭을 넓히도록 노력해야 한다. 만일 신앙인이라면 진실하고 독실한 신앙생활도 대인관계 확대와 점포 이미지를 높이는 데 도움이 된다.

• 지역 문화예술 공연 등 이벤트 행사에 적극 참여하라

지역 명사나 연예인 등을 초빙해 문화예술 이벤트 등을 개최하거나 적극 후원하라. 지역사회 발전과 공헌 활동에 참여하고 기여하는 모습을 보이는 것도 점포나 기업 이미지를 높이는 좋은 방법이다.

66 | 착한 기업이 되라

근래 들어 세계는 글로벌화의 진전과 함께 정보기술IT의 발전으로 이른바 인터넷 시대가 도래하였다. 인터넷이라는 온라인 공간과 글로벌화라는 오프라인 공간에서 고객의 위상은 크게 바뀌었고, 고객에 대한 인식도 변화하고 있다.

이제 고객들은 온라인 커뮤니티, 블로그, 가격 비교 사이트, 검색 엔진 등을 통해 자신의 의견과 경험을 공유하며 이를 구매 의사 결정에 적극 반영하고 있다. 스마트폰의 보급과 더불어 페이스북, 트위터 등 소셜 네트워크 서비스 이용자가 크게 늘면서 고객은 상호 연결되고, 빠르게 의사소통하며 주도적인 역할을 하는 시대로 접어든 것이다.

따라서 대기업은 물론 중소기업과 소규모의 자영업을 영위하고 있는 소상공인까지도 이제는 고객에게 어떻게 더 가까이 다가갈 것인가를 연구하고, 빠르게 변화하는 고객의 욕구_{Needs}에 어떻게 부응하며, 고객에게 사랑을 받으면서 지속적인 성장을 해 나가는 것에 대한 적극적인 노력이 한층 더 요구되는 상황이다.

착한 마케팅과 착한 기업

'착하다'의 사전적 의미는 '마음씨나 행동이 바르고 어질다'라는 것이다. 이러한 뜻을 경영과 서비스에 원용하여 에이플러스에셋의 곽근호 회장은《착한 마케팅으로 승부하라》에서 '착한 마케팅은 진정으로 고객 입장에 서는 것이며, 투명하고 정직하게 모든 사항을 보여 주는 것으로 기업 발전을 위한 강력한 대안'이라 하였다. 또한 서비스 및 이미지 메이킹 분야의 컨설턴트인 정혜전 대표는《착한 마케팅이 이긴다》에서 '고객의 마음을 헤아려 주는 것이 좋은 서비스이며, 언제나 승리하는 착한 마케팅'이라고 하여 고객 배려와 이해의 중요성을 강조한 바 있다.

이러한 의견들을 종합하면 결국 '고객의 입장에서 그들의 마음을 헤아리고 배려하는 마케팅을 추구하는 기업'이 바로 착한 기업이라 할 수 있을 것이다. 따라서 착한 기업이 되기 위해서는 고객의 마음을 얻고, 그들이 또 찾아오게 하기 위해 대우하고 배려해 준다는 진심을 전달하는 착한 마케팅이 실행되어야 하는 것이다. 이러한 의미에서 착한 마케팅을 추구하는 착한 기업이 되는 일은 고객과 공존, 공생하려는 기업이 지속적으로 추구해야 할 가치인 동시에 발전시켜야 할 과제라 할 것이다.

사회 공헌 활동과 CSR

일반적으로 기업의 사회 공헌 활동Philanthropy이란 기업이 이윤 추구만의 목적에서 벗어나 '착한 기업 시민Good Corporate Citizenship'이란 지역 사회의 일원—員으로서 인간성을 발휘하여 적극적으로 사회적 공익 활동을 실천하는 자발적 활동을 의미한다. 이는 기업의 사회 공헌 활동이란 측면에서 특히, 문화예술 지원 등의 문화적 공헌 활동을 '메세나Mecenat 운동'이라 부르고 있다.

그동안 기업의 사회 공헌 활동은 흔히 사회봉사, 불우이웃 돕기나 사회복지단체에 기부금을 전달하는 정도로만 생각해 왔다. 그러나 이러한 사회 공헌 활동은 기업과 사회가 상호보완적 관계로 서로에 대한 책임이 있는 바, 사회 안에서 이익을 추구하는 기업은 나누고 베푸는 정신의 실천을 통해 더 나은 사회를 만들어 가기 위한 노력을 기울여야 한다는 인식이 강조되면서 '기업의 사회적 책임CSR; Corporate Social Responsibility' 개념이 등장하였다. CSR은 기업이 사회에서 떨어져서는 생존할 수 없다는 기본적인 원칙으로, 기업이 사회로부터 혜택을 받아 성장한 만큼 사회에 다시 돌려준다는 개념이다.

새로운 대안 – CSV

'공유가치 창출CSV; Creating Shared Value'은 최근 하버드 경영대학원HBS 마이클 포터M.E. Porter 교수가 주창한 개념이다. CSV가 근래 경영학계를 주도했던 CSR과 근본적으로 다른 점은 CSV는 사회 공헌 활동을 통해 매출과 이익을 증대시키고, 사회의 문제를 기업의 경제적인 가치 창출 활동에 일체화시켜 보고 있다는 점이다. 기업 내부적으로도 CSR이 별도의 부서나 PR활동의 일환으로 이루어지는 것과 달리, CSV는 전사적으로 이루어지므로 별도의 조직이 없다는 점이 다르다. 따라서 CSV는 자신의 비즈니스와 관련 없는 분야에 사회 공헌 활동을 하는 경우는 거의 없다.

예를 들어, 국내 대형 시중은행이 불우이웃 돕기를 하는 경우는 은행의 기본적인 핵심 역량이나 가치 창출 활동과는 무관하므로 이는 CSV가 아니라 CSR 사례라고 할 수 있다. CSV의 대표적인 사례로 미국의 홀푸드마켓은 그 지역의 농산물 유통을 담당하면서 매장 직원으로 그 지역의 장애인, 노인들을 고용하거나 수익을 지역사회에 다시 돌려줌으로써 지역사회 공헌 활동을 하는 경우를 들 수 있다.

착한 기업이 되라

고객의 마음을 얻고, 또 영원한 단골 고객으로 만드는 경영 전략의 하나이자 착한 기업이 되는 수단으로써의 착한 마케팅 활동은 고객의 중요성이 강조되면서 점점 크게 확장되고 있다. 사회 공헌 활동은 모든 기업 경영에서 뗄 수 없는 부문이며, 이제는 사회와 더불어 함께 가는 기업이 고객의 마음을 얻을 수 있다는 인식이 점점 높아져 이에 참여하는 기업도 크게 늘고 있는 상황이다. 또한 고객이나 많은 대중들이 사회 공헌에 참여할 수 있도록 함으로써 기업에 대한 신뢰나 이미지를 높이려는 아이디어도 늘어나고 있다.

사회 공헌 활동은 대기업에만 국한된 것이 아니며, 중소기업이나 소점포, 소기업도 상황에 맞는 적절한 참여 방법과 추진 방향을 찾아야 한다. 사회에 공헌한 만큼 돌아오는 이윤이 늘어나는 것은 물론, 기존 고객을 유지하고 새로운 고객을 만나는 동시에 그들을 영원한 단골 고객으로 만들게 된다는 점은 아무리 강조해도 지나치지 않을 것이다.

이제는 사회 공헌 활동이야말로 착한 기업으로 가는 넓은 의미의 마케팅 활동이라는 점을 깊이 인식하고, 사회 공헌 활동 증대를 위해 기업과 경영관리자들이 보다 적극적으로 참여해야 할 때라고 생각한다.

창업자가 지켜야 할 여섯 가지 마인드

• 열정과 각오로 임하라

창업을 준비 중이거나 일단 창업을 했으면 자기 일에 미칠 각오가 되어 있어야 한다. 열정과 대단한 각오가 없으면 성공할 수 없다. 사업이 성공적으로 진행되어 안정적 궤도에 오르기 전까지는 일에 몰두하는 것만이 살길이다.

• 발로 뛰어라

창업은 최소의 투자로 최대의 효과를 얻어야 한다. 이른바 경제 이론에서 말하는 경제 원칙에 따르라는 뜻이다. 대체로 자금과 경험이 부족하고 도움을 줄 인맥도 부족할 때는 발로 뛰는 것만이 최선이다.

현장에서 발로 뛰며 땀으로 결과를 얻기란 처음에는 더디고 힘들지만, 나중에는 눈덩이가 불어나듯 커지게 마련이며 비용도 줄여준다.

• 서비스 정신을 새겨라

어느 업종이든 최고의 차별화 포인트는 철저한 서비스 정신이다. 차별성은 기본적 상품이나 서비스 이상의 무언가를 고객에게 확실하게 인식시켜준다. 고객들의 머릿속에 다른 점포, 다른 사업과는 확실히 다른 차별성을 심어주어 계속 충성스러운 고객으로 유지하는 길은 결국 서비스 정신에 달렸다.

• 지속적인 고객 관리를 하라

충성스러운 단골 고객을 얼마나 만드느냐는 사업 성공의 포인트다. 한 번 들른 고객을 평생 고객으로 만드는 데는 정성이 필요하다. 한 사람의 고객, 한 번의 방문은 크지 않지만 장기적인 고객 관계를 맺는 것은 큰 이익을 가져다주는 지름길이다. 고객들을 지속적으로 관리하려면 고객 정보를 확보해 활용하는 것이 중요하다. 방문 고객 카드는 기본이고 홈페이지를 만들어 회원 정보 입력을 이용하는 등의 방법을 연구해야 한다.

• 사람을 다루는 기술, 즉 리더십을 발휘하라

사업을 하다 보면 주변 사람들과 끊임없이 접촉해야 한다. 내부 동업자나 종업원, 고객, 거래처, 금융기관 및 행정기관 등과 원만한 관계를 유지해야 사업이 원활하게 돌아간다. 진정한 리더십은 상사와

부하 직원 사이에만 적용되는 것만이 아니라 여러 인적 네트워크를 잘 관리하는 능력이라 할 수 있다.

이를 위해서는 다른 사람의 말을 많이 듣고, 인맥과 신용이 밑바탕에 쌓여 있어야 한다. 인맥 관리의 기본은 신용이다. 어떤 부탁을 받았을 때 들어주고 싶지 않은 사람이 있는가 하면, 자기 일처럼 뛰어다녀서라도 꼭 들어주고 싶은 사람이 있다. 이 모든 것이 자신의 신용이며, 인맥의 힘이다. 강조하건대 신용 없이 창업을 하거나 점포를 성공적으로 경영하기는 힘들다.

• 성공할 수 있다고 확신하라

성공 창업의 최대 장점은 패기와 열정이다. 사업은 매일같이 성공의 길만 가지는 않는다. 숱한 좌절과 고난, 그리고 아픔이 함께한다. 그것을 극복하는 것은 결국 창업자의 패기와 열정이다. 특히 창업자는 반드시 성공하겠다는 목표와 확신을 가져야 한다. 성공을 확신하려면 미리 치밀하게 계획하고, 사업 계획을 거듭하여 검토해야 하며, 절대 서두르지 말아야 한다. 원칙을 철저히 하는 것만이 성공의 길로 나아가는 방법이다.

참고 문헌

· 곽근호, 《착한 마케팅으로 승부하라》, 한스미디어, 2013

· 김주영, 《칭찬의 힘》, 삼각형프레스, 2004

· 김찬경, 《프로장사꾼 김찬경의 1년에 1억 벌기》, 웅진닷컴, 2000

· 김태경, 《지금 당장 경영학 공부하라》, 한빛비즈, 2014

· 김호영, 《창업 후의 성공을 그려라》, 새로운제안, 1998

· 김훈동, 《금융마케팅 시대 예금유치 공식》, 협동연구원, 1991

· 니콜라 게겐(고경란 옮김), 《소비자는 무엇으로 사는가?》, 지형, 2006

· 다케다 요이치(김현희 옮김), 《고객을 감동시키는 엽서 한 장》, 예문, 2004

· 데이브 볼터 · 존 버트먼(이존기 외 옮김), 《고객이 최고의 마케터다》, 토네이도, 2006

· 로버트 B. 세틀 · 패멀라 L. 알렉(대홍기획 마케팅컨설팅그룹 옮김), 《소비의 심리학》, 세종서적, 2006

· 롯데백화점 서비스아카데미, 《세심한 배려가 고객을 사로잡는다》, 청림출판, 2013

· 마부치 사토시 · 난조 메구미(모주희 옮김), 《들어가기 쉬운 가게, 잘 팔리는 가게》, 아카데미북, 2004

· 버벌리 케이 · 샤론 조던 에번스(박종안 옮김), 《인재들이 떠나는 회사, 인재들이 모이는 회사》, 푸른솔, 2000

· 부산은행 고객만족팀, 《고객이 새로운 세상을 만든다》, 부산은행, 1997

· 신윤순, 《두근두근 고객발굴의 기술》, 다산북스, 2006

· LG경제연구원, 《성공을 꿈꾸는 한국인이 사는 법》, LG경제연구원, 2006

· 여준상, 《회사의 운명을 바꾸는 역발상 마케팅》, 원앤원북스, 2004

· 오노 가즈유키(이윤석 편역), 《부드럽게 설명하고 강력하게 설득하는 커뮤니케이션》, 새로운제안, 2006

· 원석희, 《서비스 운영관리》, 형설출판사, 1997

· 원종래 외 2인 공저, 《금융마케팅 3》, 한국금융연수원, 2004.

· 유필화 · 김용준 · 한상만, 《현대 마케팅론》, 박영사, 2004

· 이대봉, 《먹는 장사로 80억을 번 이대봉 교수의 경영전략》, 자료원, 2001

　　　, 《이대봉의 성공확신 333전략》, 북하우스, 2003

· 이동혁, 《소자본 창업가이드》, 문지사, 2002

· 이민규, 《끌리는 사람은 1%가 다르다》, 더난출판, 2005

· 이유재, 《서울 비즈니스 레터》, 서울대학교 경영연구소, 2006. 12

    _____, 《서울 비즈니스 레터》, 서울대학교 경영연구소, 2007. 6

    _____, 《울고 웃는 고객이야기》, 연암사, 1997

· 이장우, 《마케팅 잘하는 사람 잘하는 회사》, 더난출판, 2001

· 이재연, 《작은 가게 성공경영법》, 들녘, 1998

· 이종철 편저, 《점포 중심의 소매마케팅》, 글로벌, 2005

· 이종호 외, 《인터넷 마케팅 이론과 실제》, 학현사, 2002

· 장수용, 《고객만족을 위한 친절서비스》, 현대미디어, 1994

· 정혜진, 《착한 마케팅이 이긴다》, 미래지식, 2011

· 제럴드 잘트먼(노규형 옮김), 《How Customers Think : 소비자의 숨은 심리를 읽어라》, 21세기북스, 2004

· 제리 윌슨(김광수 옮김), 《새로운 고객은 끊이지 않는다》, 비전과리더십, 2006

· 조동성, "기업의 미래 좌우할 '공유가치창출'", 동아일보, 2014.10.14.

· 조용규 편저, 《프로 비즈니스맨이 갖추어야 할 처세 250선》, 삼성서적, 1995

· 조태현, 《금융마케팅전략론》, 삼영사, 1997

    _____, 《금융기업 마케팅 : 비전과 전략》, 두남, 2004

    _____, 《무역업 창업과 경영》, 중소기업청 중앙소상공인지원센터, 2000

    _____, 《서비스 마케팅의 이해》, 중소기업청 중앙소상공인지원센터, 2003

    _____, 《소상공인을 위한 이벤트 마케팅》, 중소기업청 중앙소상공인지원센터, 2002

    _____, 《프랜차이즈 창업 및 운영에 관한 법률과 제도》, 산업자원부 · 한국프랜차이즈협회, 2004

    _____ 외, 《여성으로 살기, 도전하기, 사랑하기》, 여성가족부 위민넷, 2006

· 존 템플턴(남문희 옮김), 《열정, 행복한 변화로 이끄는 내 삶의 기관차》, 거름, 2002

· 중소기업중앙회, 《중소벤처신문 및 중소기업뉴스》, 2000. 11~2007. 7

· 중소기업청 소상공인지원중앙센터, 《성공 창업 길라잡이》, 2002~2003

· 창업포탈 스타트119, 《초보자를 위한 소규모 창업》, 열매출판사, 2002

· 토니 크램(김민주 · 송희령 옮김), 《믿을 수 있는 고객 만들기》, 미래의 창, 2004

· 한상복, 《한국의 부자들》, 위즈덤하우스, 2003

고객 유혹의 기술

초판 1쇄 발행 2008년 2월 9일
개정판 1쇄 발행 2016년 7월 15일

지은이 조태현
펴낸이 이범상
펴낸곳 (주)비전비엔피·비전코리아

기획 편집 이경원 박월 김승희 강찬양 배윤주
디자인 김혜림 이미숙 김희연
마케팅 한상철 이재필 반지현
전자책 김성화 김희정
관리 박석형 이다정

주소 우)04034 서울특별시 마포구 잔다리로7길 12 (서교동)
전화 02) 338-2411 | **팩스** 02) 338-2413
홈페이지 www.visionbp.co.kr
이메일 visioncorea@naver.com
원고투고 editor@visionbp.co.kr

등록번호 제313-2005-224호

ISBN 978-89-6322-104-5 03320

· 값은 뒤표지에 있습니다.
· 잘못된 책은 구입하신 서점에서 바꿔드립니다.

이 도서의 국립중앙도서관 출판시도서목록(CIP)은 서지정보유통지원시스템 홈페이지(http://seoji.nl.go.kr)와
국가자료공동목록시스템(http://www.nl.go.kr/kolisnet)에서 이용하실 수 있습니다.(CIP제어번호 : CIP2016015621)